शीर्षक नहीं

राजकमल प्रकाशन से प्रकाशित **अखिलेश** की अन्य कृतियाँ :

मक़बूल (मक़बूल फ़िदा हुसेन की जीवनी)

अचम्भे का रोना (कला-लेख)

आप-बीती (मार्क शागाल की आत्मकथा)

दरसपोथी (कला-लेख)

अखिलेश : एक संवाद (पीयूष दईया)

देखना (संस्मरण व अन्य लेख)

मक़बूल फ़िदा हुसेन (कला-लेख)

मक़बूल (राहुल सोनी के अंग्रेजी अनुवाद में आत्मकथा)

शीर्षक नहीं

अखिलेश

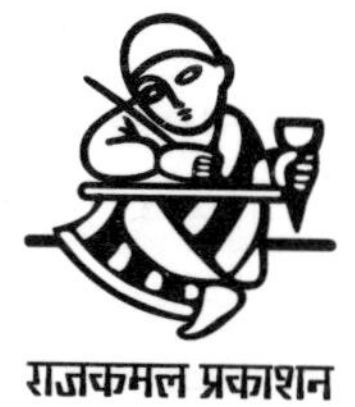

राजकमल प्रकाशन

ISBN : 978-81-267-2975-3

मूल्य : ₹550

पहला संस्करण : 2017

प्रकाशक : राजकमल प्रकाशन प्रा. लि.
1-बी, नेताजी सुभाष मार्ग, दरियागंज
नई दिल्ली-110 002

शाखाएँ : अशोक राजपथ, साइंस कॉलेज के सामने, पटना-800 006
पहली मंजिल, दरबारी बिल्डिंग, महात्मा गांधी मार्ग, इलाहाबाद-211 001
36 ए, शेक्सपियर सरणी, कोलकाता-700 017

वेबसाइट : www.rajkamalprakashan.com
ई-मेल : info@rajkamalprakashan.com

मुद्रक : बी.के. ऑफसेट
नवीन शाहदरा, दिल्ली-110 032

SHEERSHAK NAHIN
by Akhilesh

मित्र, सलाहकार और अनूठे कवि उदयन वाजपेयी को सप्रेम

आरम्भिक

इस पुस्तक के निकलने में पीयूष दईया का आग्रह ही प्रमुख है। पीयूष जो पुस्तक प्रेमी होने के साथ एक अच्छे पाठक और सम्पादक भी हैं वे लगातार मुझे उकसाते, समझाते रहे हैं। उन्हीं के प्रयत्नों से यह पुस्तक आपके हाथ में है।

पुस्तक चित्रकारों पर लिखे गए लेखों का संग्रह है और साथ ही मेरा यात्रा वृत्तान्त जो उन्नीस सौ सत्तासी में कारन्त महोत्सव जापान के लिए कलाकृति संग्रह अभियान था जिसमें मैंने और अर्चना ने हिमाचल प्रदेश, उत्तर प्रदेश और राजस्थान का दौरा किया था।

पुस्तक में संग्रहीत बाक़ी लेख पिछले पाँच सालों में लिखे गए हैं।

मेरा आभार सभी तक पहुँचे।

अनुक्रम

‘ससुरों का रंग कैसा चोखा है’

स्वामी ने बमुश्किल तमाम आठ कविताएँ लिखी हैं। खोजने पर इतनी ही मिलीं और जो आठवीं है, उसके बारे में मुझे गहरा सन्देह है। यह आठवीं कविता ‘पूर्वग्रह’ के किसी अंक में छपी है, जिसे अब प्राप्त करना और पड़ताल करना इस लेख को कई बार लिखने की सात-साला मेहनत की तरह हो सकता है, अतः इस आठवीं को यहीं उद्धृत कर इससे छुट्टी पा लेता हूँ, शेष सात पर बात आगे। इस कविता में आया शब्द ‘फुई’ ही स्वामी की शब्दावली का आश्वासन है।

अधर में खिलता चला गया
क्षितिज का मौन
रात अपनी चादर में तारों को समेट
बन गई

एक धवल बादल की फुई
तिर आया आँखों में
पूजा का सजल थाल :
आनन्दाच्या जेहीं आनन्द तरंग
आनन्दचि अंग आनन्दा चे।

ये सात कविताएँ सत्तर के दशक में स्वामी की प्रदर्शनी के वक़्त जारी किये गये और मंजीत बावा द्वारा सिल्क स्क्रीन में छापी गई पुस्तिका के विशेष संस्करण में हैं। इन कविताओं में शिमला बसा है। शिमला के बहाने हिमाचल। इन सात कविताओं में ऐसा क्या है, जो स्वामी को एक कवि के रूप में स्थापित करता है, इसकी जाँच करने पर कई बातों की तरफ़ आपका ध्यान जाता है। पहला तो यही कि ये आत्म-दया, आत्मग्लानि से भरी हुई नहीं हैं। आजकल की अधिकांश हिन्दी कविता में मुखर मौजूदगी एक ऐसे पीड़ित की है जो लगभग मरा हुआ भिखारीनुमा कोई व्यक्ति है जिसे दूसरों के रहमोकरम पर ही जीना है। वह आत्माभिमानी नहीं है, उसकी अपनी संस्कृति, सभ्यता एक अज्ञात द्वारा नष्ट कर दी जा चुकी है ऐसा उसका गहरा विश्वास है। ये रामदास दयावती के कुनबे का वंशज है, जिसका पौरुष नष्ट हो चुका है। इस के कई नाम हैं, किन्तु हर नाम में वह हमेशा कुचला हुआ ही है। स्वामी की कविता में यह भिखारीनुमा नदारद है।

वहाँ एक कवि हृदय है, वहाँ एक सहृदय है जिसका साक्षात्कार प्रकृति से हो रहा है।

यह एक मनुष्य का रसास्वादन है। स्वामी प्रकृति के होने मात्र में विभोर हैं। चकित हैं। स्वामी का अपना काव्य-प्रेम भी इसी अनुराग के कारण इसी हतप्रभता के कारण या कहें कि विस्मयाबोधक है। स्वामी इस विस्मय, इस अतार्किकता के हिमायती रहे। वे अक्सर जिगर मुरादाबादी का यह शेर पढ़ दिया करते थे, जिसके कारण वे जिगर को बहुत मानते भी रहे। जिगर के बारे में एक साक्षात्कार में कहते हैं— ''शिमला के एक मुशायरे की याद है। मैं ब्वॉय स्काउट था। टिकिट चेक करने का काम था। जिगर को सुना। काले तवे-सा चेहरा, मंगोल आँखें, ओंठ चाकू से चीर दिया गया हो, जैसे दाढ़ी में पान की पीक टपकती हुई। शराब में धुत।''

इन्हीं जिगर का यह शेर स्वामी को विस्मित करता है। शेर इस तरह है :

आज न जाने बात ये क्या है
हिज्र की रात और इतनी रोशन!

साभ्यतिक व्यवस्था में प्राकृतिक उपस्थिति ही जिसमें मनुष्य, जो इस शाश्वत आत्मग्लानि में जी रहा है कि वह एक जानवर है जिसे सभ्य होना है, जो सभ्य होने के लिए तरह-तरह की व्यवस्था बनाता रहता है जो लगातार बिगड़ती जाती है। जिससे यह अहसास और गहरा होता जाता है कि व्यवस्थित कुछ नहीं हो सकता जिस कारण वो अधिक जोर और ज़िद के साथ एक नई व्यवस्था जुटाने, बनाने लग जाता और इस तरह लगातार वह उस प्रकृति के रहस्य को नज़रअन्दाज़ करता जाता है – जिसकी वह सन्तान है, जिसका वह एक अनिवार्य-अविभाज्य अंग है। मनुष्य की साभ्यतिक सफलताओं ने उसे और अज्ञानी और असभ्य और उपेक्षा से भरा है। इस पूरी तथाकथित विकास-यात्रा में वह चमत्कृत होने के कारण खोजने में प्रकृति की उपेक्षा करना ही सीखा है, जिसमें वह इस बात को लगातार भूला है कि—

ये इश्क नहीं आसाँ बस इतना समझ लीजे
इक आग दरिया है और डूब के जाना है।

(स्वामी की पसन्द का शेर)

उसे लगा कि ये क्या बेवकूफी की बात है कि इक आग दरिया है और डूब के जाना है। वह तो किनारे खड़ा होकर ही इश्क फरमाने की व्यवस्था बना रहा है। इसमें सच की जगह नहीं है। इश्क का फितूर नहीं है। इसमें जान का जोख़िम नहीं है। रहस्य का विस्मय नहीं है। मनुष्य अब इश्क को सौदे में मुब्तिला करना चाहता है। कविता क्या इस दौरान अपने समय के सच के बखान में कविता के सच से, जो विस्मय से भरा है, दूर भागी है? यह पड़ताल का विषय है।

स्वामी की कविता अपने समय की रिपोर्ट नहीं करती है।

इन कविताओं में जिस विनय की ओर यहाँ इशारा है, वह सिर्फ़ कविता भर का नहीं है। इसका अहसास पाठक को गहरा होता है। कविताएँ सिर्फ़ सच नहीं है, बल्कि उस सच्चाई के अनेक प्रकटन में से एक हैं। स्वामी की कविताओं में स्वामी दावा करते नज़र नहीं आते। वे बस वहाँ हैं और एक मनुष्य की तरह हैं, जो अपने समय की अबूझता से हतप्रभ है, असहाय नहीं। वह चौकन्ना है जाँचने-परखने में। वह यह भी जानता है कि उसका होना ही इसका होना है, तभी वह रात भर बरसते पानी से बहे बूढ़े रायल पेड़ को वापस लगाता है और अचम्भित भी होता है कि 'ससुरा इस साल फिर फल से लदा है।' यह वही हिज्र की रात की रोशनी है। यही हैरानी है। इस पूरी कविता में जिसका शीर्षक ही 'मनचला पेड़' है। एक पेड़, जिसके 'मनचले' होने का ज़िक्र सिर्फ़ इसलिए है कि वह मरकर फिर फलों से लद गया है। ससुरा।

कविता में कई तरह के आश्चर्य हैं, जिसमें बीज हवा के साथ जहाँ गिर जाते हैं, जम जाते हैं 'ढीठ'। दरख़्त बन जाते हैं, ऊपर से बने रहते हैं 'कमबख़्त'। इस कमबख़्त याने हतभाग्य या शामत के मारे की शामत आती है बारिश के रूप में। जिससे पहाड़ के मानुस भी सहम जाते हैं। और ढाक गिरि है। यह ढाक (बिजली) इसकी शामत ले आई और धार की ऊँचाई से धान की क्यारी पर ला पटकती है।

कविता में यहाँ उस मानुस का ज़िक्र है, जो इसे कोस रहा है कि वहाँ तुझे तकलीफ़ थी या कोरड़ खा गये थे बेवकूफ, क्योंकि अच्छी फसल होने पर दस पेटी सेव मिलते थे। यह हो सकने वाले नुकसान से उपजी तात्कालिक प्रतिक्रिया है, जिसमें पेड़ बेवकूफ इसलिए हैं कि ढाक के कारण उखड़-उछल आया है। फिर से लगाया गया और फिर फलों से लद गया। उसमें आने वाले रूपक ढीठ बीज। कमबख़्त बिरक्स। जोगी या बगुले बिरक्स। बेवकूफ बिरक्स और मनचला पेड़। रायल का पेड़ मेरे ख्याल से रायल किसी ख़ास प्रकार के सेव का ब्रॉण्ड नाम होगा। इन प्राकृतिक आपदाओं को झेलकर बचे रहना और फिर फलों से लद जाना विस्मय है। इस कविता में असहायता है। सामूहिकता है और जीवन है। जीवन के आगे का जीवन है, जहाँ फिर फल हैं और ढीठ बीज भी। यहाँ प्राकृतिक नैरन्तर्य की तरफ़ इशारा है।

भाषा के स्तर पर स्वामी हिन्दी में अप्रचलित पहाड़ी बोली का उपयोग करते हैं। इन कविताओं में आये अनेक शब्द हिन्दी भाषी के लिए नितान्त अपरिचित हैं, किन्तु वे अवरोधक नहीं बनते हैं। जैसे कितने ही हिन्दी भाषियों के लिए, जो मैदानी इलाकों में रहते हैं, 'ढाक' शब्द अपरिचित है। वे नहीं जानते कि बिजली को कहा जाता है। यहाँ सिर्फ़ बिजली लिखने से यह अन्देशा भी है कि वो बिजली का अर्थ अपने घरों में पहुँच रही बिजली के अर्थ में लें। कविता में ढाक शब्द उसी बादलों में कड़कने वाली बिजली को ध्वनित करता है और पाठक उसमें उलझता-लिपटता नहीं है, बल्कि बिजली गिरने से पेड़ के उखड़-उछल जाने को ठीक-ठीक पकड़ लेता है। इस तरह की विश्वसनीयता ही इन कविताओं की कामयाबी है। इनमें स्वामी का सुर रूपकों के इस्तेमाल से बेसुरा नहीं होता है, बल्कि वह पाठक को भाषा की संरचनाई ख़ूबसूरती से व्यंजित करता है। स्वामी की इन सात कविताओं में पहाड़ी बोली के अनेक शब्द हैं, जो इन्हें पहाड़ी महक से भर देती हैं। भाषा के धरातल पर यह संरचना नहीं दिखलाई देती है, किन्तु यह पेड़ जो मनचला है, वह इसी कविता में बगुला या जोगी भी है और साथ ही कमबख़्त तो है ही बेवकूफ। एक कविता में एक पेड़ के लिए एक से अनेक रूपकों का इस्तेमाल कुछ कम विस्मयकारी नहीं है। बगुला और जोगी में प्रकृति और साभ्यतिक गुण को स्वामी पास-पास रख रहे हैं।

'सेव और सुग्गा' कविता में भी स्वामी इसी प्रकृति को अप्राकृतिक के पास रखते हैं और पाठक को यह अहसास

नहीं हो पाता कि वे एक शाश्वत के बरक्स साधारण को रख रहे हैं। यहाँ वे सूत्रधार की तरह हैं, जो डिंगली में आग लगाने को इसलिए कह रहा है कि सुग्गे पेड़ पर घोंसला न बना सकें, जिससे वे एक चोंच मार सौ दाने न नष्ट कर पायें। यहाँ कवि ससुरों के चोखे रंग पर चकित है और बादलों के बीच हरी बिजली की तरह उसे कौंधाता है। फिर अन्तिम दो पंक्तियों में इसी प्रकृति के साथ सामंजस्य बैठाते हुए 'इन्हें अपना हिस्सा लेने दो महाराज' कहकर डिंगली में लग सकने वाली आग ठण्डी कर लेता है।

इसमें कविता की यह पंक्ति उसी विस्मय से भरी है—

...ससुरों का रंग कैसा चोखा है लेकिन

देखो न

बादलों के बीच हरी बिजली कौंध रही है।

स्वामी की 'मनचला पेड़', 'जलता दयार', 'सेव और सुग्गे', 'गाँव का झल्ला', 'कौन मरा', 'पुराना रिश्ता' और 'दूसरा पहाड़', इन सातों कविताओं में किसी प्रकार का दावा नहीं है। वे बस हैं। वे ठीक उसी तरह हैं, जैसे उनके चित्र जिन्हें वे स्थगन कहते हैं। क्या ये कविताएँ भी इसी स्थगन की द्योतक हैं? स्वामी चित्रांकन को अपने जीवन के नैरन्तर्य में एक रंगात्मक स्थगन मानते रहे।

इस निरन्तरता में कला का प्रकटन एक ऐसा बिन्दु है जहाँ से जीवन में कुछ बदलाव आ गया है। अब तक के जीवनानुभव में यह चित्र भी जा जुड़ा है। अब एक नया जीवन है, जिसमें इस चित्र का देखना भी शामिल है। इस चित्रानुभव में सुसंस्कारित हुआ जीवन एक और जन्म की तरह है। ये सात कविताएँ एक साथ लिखी गई कविताएँ लगती हैं। इनका मिज़ाज, शब्दावली और अन्तर्धारा से साफ़ पता चलता है कि ये कविताएँ एक बैठक में लिखी गई हैं। तब हम यह मान सकते हैं कि स्वामी के जीवन में ये सात कविताएँ एक कविता की तरह हैं और उसके बाद का जीवन एक नये जीवन की तरह। स्वामी की सहज गम्भीर मुद्रा जिसमें सायास विनोदप्रियता पाई ज़ाती थी। इन कविताओं के मिज़ाज में दीखती है। ये कविताएँ सहज ही कुमाऊँनी जीवन के कुछ रूपाकार सामने ले आती हैं। उनकी विविधता और उनका तथाकथित आधुनिक जीवन से लेन-देन भी उतना ही सहज, सरल है। इस्तेमाल की जा रही तक्नालॉजी का भी आतंक नहीं, वे बस एक उपयोगी वस्तु की तरह वहाँ मौजूद हैं, किन्तु सतह पर इन साधारण, सामान्य, रोज़मर्रा की जीवनन्दिनी के भीतर घट सकने वाली, घट चुकी दुर्घटना और हो सकने वाले नुकसान और उसकी स्वीकारोक्ति इन कविताओं में मनुष्य की उपस्थिति को बिना लाग-लपेट के प्रस्तुत करती है। मनुष्य के आत्मबल, विश्वासों और अनुभव की कहानी कहती इन कविताओं में मानवीयता का, सहभागिता

का और अबूझ प्रकृति के सामने मनुष्य की असहाय उपस्थिति को जितनी सरलता से स्वामी यहाँ बखान कर जाते हैं— वह रहस्य-मुग्ध कर देता है।

ये कविताएँ समाज-सुधार का संदेश सिर्फ़ इसलिए नहीं देती हैं कि वे आत्मग्लानि में नहीं लिखी गयीं। न ही स्वामी को इस बात का मूर्ख भ्रम था कि कविताओं से समाज सुधारा जा सकता है या कविता से क्रान्ति का करतब हो सकता है। ये उथली समझ, कि कविताओं से किसी तरह का संदेश दिया जा सकता है, ने इस तरफ की तथाकथित मुख्य धारा की कविताओं को अख़बारी रिपोर्ट से भर दिया। यहाँ कविता से विस्मय की जगह उपदेश, कौतुक की जगह कौशल, कल्पना की जगह थोथा यथार्थ माँगा जा रहा है। 'शिकायती' कवि सृजनकर्ता की जगह याचक बना हुआ है। दुनिया से नाराज़ हर बात से शिकायत रखता हुआ कवि अपने समय से हताश है। भिक्षुक की जगह 'भिखारी' बने कवि की चाहत ने कविता को साधन की तरह बरता और उससे उम्मीदें जगा लीं कि एक दिन सब ठीक हो जायेगा। जाहिर है कविता, जो इस संसार में उसी अजूबे की तरह मौजूद है, जैसे सूर्य या चाँद या प्रकृति, इन अकारण उम्मीदों को पूरा नहीं कर सकी और बदले में अनेक शिकायती कवि, हताशा और निराशा का पुतला बन और शिकायती हो चला।

स्वामी की कविताएँ इन उम्मीदों, हताशा और निराशाओं से परे उस भिक्षुक की कविताएँ हैं, जो अपने ध्यान योग में संसार का ध्यान रखे है। उसकी नज़र से गाँव का झल्ला भी अछूता नहीं है और 'निम्मल आकाश' भी। इन जरा-सी कविताओं में बहुत-सा संसार स्वामी इसी भाव से बाँधते हैं, जिसे निराला ने अपनी कविता 'बाँधों न नाव इस ठाँव बन्धु' में ज़्यादा मुखर ढंग से बाँधा है। संयोग से निराला की यह कविता स्वामी की पसन्दीदा कविताओं में से एक है।

निराला की यह कविता अध्यात्म और सांसारिकता दोनों छोर पर डोलती रहती है। इसमें फकीरी भी है और धँसकर-हँसकर जीवन जीने का लुत्फ़ भी है। सम्भवतः इन्हीं कारणों से यह स्वामी की पसन्द भी बनी हो। एक तरफ कवि जीवनानुराग से भरा है और अलमस्त चेतन भी है। स्वामी का यही चौकन्नापन इन कविताओं में दीखता है। ये सिर्फ़ वर्णन नहीं हैं, न ही सिर्फ़ अनुभव भर हैं। ये देखना भी है और दिखाना भी। और उनकी यही विश्वसनीयता पाठक को आश्वस्त करती है। इन कविताओं में वह लुत्फ़ उठाता है जो उसे किसी तरह का बोझ न महसूस कराते हुए संसार के सहज उपलब्ध होने, जिसमें घटना-दुर्घटना, अच्छा-बुरा, अकेलापन और सहभागिता सब एक साथ, एक जीवन में उपलब्ध है। और यही उसे आश्वस्त करता है कि वह महान और तुच्छ, विराट और विरल, भूला और पाया हुआ भी है। उसका होना ही इन सबका होना है।

स्वामी हिन्दी कविता, उर्दू शायरी के बहुत जानकार ही नहीं थे, बल्कि उन्हें अपने पसन्द के कवियों, शायरों की कई कविताएँ और कलाम याद भी थे। उन्हें रवीन्द्रनाथ टैगोर की बंगला कविताएँ भी कण्ठस्थ थीं। जिन्हें वे कभी-कभार ही सुनाया करते, जिसमें सबसे प्रिय 'एकला चलो' भी। जिगर मुरादाबादी, मजाज, मीर तक़ी मीर, ग़ालिब आदि अनेक शायर स्वामी की शाम गहरी किया करते। यह दिलचस्प है कि स्वामी का अपना जीवन बहुत ही राजनैतिक उथल-पुथल से भरा गुज़रा। जिसमें उनकी सक्रियता भी उतनी ही महत्त्वपूर्ण रही जितना वैचारिक हस्तक्षेप। स्वामी की इस राजनैतिक विचारधारा का रेशा भी इन कविताओं का मन मैला नहीं करता है। वे उतनी ही पाक - उतनी ही इठलाती - उतनी ही तीव्र उपस्थिति दर्ज कराती हैं जितना बग़ीचे में खिला गुलाब।

इन सात कविताओं में उजला संसार नहीं है। ये कविताएँ निराला की तरह अनुभव और जीवन-रस का तौल-मौल नहीं करतीं। अज्ञेय का प्रकृतिवाद भी इनमें नहीं है। रघुवीर सहाय का अख़बारी तेवर भी यहाँ नहीं है। श्रीकान्त की ऐतिहासिकता और अशोक वाजपेयी की ऐन्द्रिकता भी इनमें नहीं है। शमशेर का रीतापन और विनोदकुमार शुक्ल का भरा देहात होना भी इन कविताओं में नहीं है। वे बस हैं, स्वामी की कविताओं की तरह। उनका होना किसी उम्मीद का होना नहीं है। इनका होना दावा और आश्वासन नहीं है। ये टूटी हुई, बिखरी हुई नहीं हैं। वे जोड़-तोड़ भी नहीं हैं। वे बस हैं। जैसी हैं, वैसी हैं। इनमें प्रकृति की आकस्मिकता सांस्कृतिक भाषा में स्तब्ध करती है। इन सात कविताओं में उन्होंने इस संसार को उसकी समग्रता में समेटा है।

इनका सुख-दुख सहज सहने योग्य है। जितना सुख है, उससे कम मात्रा में दुख नहीं है। किन्तु इनकी स्वीकारोक्ति सरल है।

इन कविताओं में आये बिम्बों, रंग-रूपकों के इस इस्तेमाल के लिए मैं यह नहीं कहना चाहूँगा कि स्वामी का चित्रकार होना इसका कारण है। हिन्दी की अनेकों कविताओं में रंगों को देखा-विचारा होना इसका प्रमाण है। हिन्दी कविता संसार में शब्द और चित्रों के सम्बन्ध प्रगाढ़ और प्रफुल्लित हैं। स्वामी एक चित्रकार की तरह इसमें कुछ ख़ास नहीं जोड़ते, बल्कि इन कविताओं के मिज़ाज में चित्रकार नहीं कवि बसा है, जो शब्द के महत्त्व को जानता-समझता है।

स्वामी के चित्रों में नाटकीयता उनमें रहस्य बुनती है और स्वामी की कविताओं की सपाटबयानी से प्राकृतिक नाटक उपजता है जिसका सीधा सम्बन्ध उसकी अनियमित आक्रामक आकस्मिकता से है। मैं यहाँ स्वामी के चित्रकार को उनके कवि से बिल्कुल मिलाकर नहीं रखना चाहता हूँ। यह दो तरह का देखना है और स्वामी एक छापामार गोरिल्ले की तरह चौकन्ने रहकर इन दो दुनियाओं के चलन में घालमेल नहीं कर रहे थे, बल्कि दोनों को उसकी

पवित्रता में बरत रहे थे। स्वामी के भाषाई बिम्ब चित्रात्मक बिम्बों के विपरीत यथार्थवादी है। वे सच को उसी तरह बुनते-बखानते हैं, जैसा वह दिखलाई दे रहा है। यहाँ कौतुक उसकी प्रकृति है। प्रकृति से लड़कर अपने को बचाये रखने की प्रकृति है। प्रकृति की आकस्मिकता में रहकर अपने बने रहने का आपद धर्म निभाने की प्रकृति है। स्वामी का उद्देश्य ज़ाहिर है काव्य-कौशल कौतुक भी नहीं है। वे अत्यन्त साधारण किन्तु गम्भीर रचनाधर्म की तरह प्रस्तुत कविताएँ है।

स्वामी की दख़ल एक चित्रकार की नहीं है। वे एक विचारक की तरह भी यहाँ नहीं है। वे हैं उसी एक कवि की तरह जिसे शब्द की दरकार है और जिसके शब्द दमदार हैं। वे चित्रों में शब्दों का और शब्द में चित्र का घालमेल नहीं करते। 'गाँव का झल्ला' कविता इस बात का सबसे अच्छा उदाहरण है। उनकी कविता में शब्द-चित्र, चित्र-शब्द एक हो गये हैं। शब्दों के साथ रूपकों के शब्द-चित्र इस कविता की जान हैं। वे कहते हैं-

''लेकिन कभी-कभी कोई ऐसा भी करता है

जिसके मुखौटे के पीछे, जंगल का जंगल लहराता है

और आकाश का विस्तार

आँखों में झरने बरसते हैं और ओंठ यों फैलते हैं

जैसे घाटी में बिछी धूप।''

यह शब्द-चित्र एक कवि हृदय से निकला है। अपने चित्रित में खींची नाटकीयता को भी यहाँ नहीं आने देते, वे बस एक सीधा-सादा यथार्थ रखते हैं जिसमें धूप की तरह ओंठ फैल जाते हैं। जंगल लहराते हैं। आकाश विस्तरित है।

ये अपनी तरह की सात कविताएँ हैं। जो स्वामी का होना समेटे हैं। और इसके परे स्वामी अपने को पहले आदमी की तरह देखते हैं, जो भाषा-संस्कृति से बाहर खड़ा है। उन्हीं के शब्दों में-

''मैं चित्र बनाता हूँ, क्योंकि मैं उससे अलग नहीं हो सकता और वह मुझे मुझसे परे ले जाता है।

बिना यह जाने कि मुझे क्या बनाना है, मैं मासूमियत में अपनी रोज़ की यात्रा शुरू करता हूँ और गुरुओं की नसीहतों का मेरे लिए कोई फायदा नहीं, क्योंकि वे तो उसके लिए सिर्फ़ बहंगियाँ है जिसे अपने ख़ुद के पैरों का पता नहीं है।

किन्तु उनका है महान देवकुल।

इतिहास के राजमार्ग पर वे अपने इन्द्रजाल लिए हुए खड़े हैं, किन्तु मैं उनके मन्तरों से परे हूँ क्योंकि मुझे व्यतीत का कोई अपराध-भाव भरा नहीं है और मुकाबले की खोज में मैं देखता हूँ पॉल क्ले को। क्ले, मेरा हमवक़्त। क्ले, क्योंकि वह वैसा चल सकता था जैसा कि मैं चलता हूँ और क्योंकि वह मेरे साथ चलता है। क्ले, क्योंकि वह इतिहास के कहने पर पावलोव के कुत्तों की तरह लार नहीं बहाता, क्योंकि रचनाशीलता प्रतिभा आकस्मिकता की पूर्ववर्ती होती है। कैनवास कुछ भी समर्पित नहीं करता।

कूची की नोक पर सार्थक आकार का प्रादुर्भाव होता है। मेरा समय जैसे-जैसे उभरता है, वह अपने आपको जीता है और उन मन्वन्तरों को, जहाँ आकार को स्थापित करने के लिए आकस्मिक तार्किक बन जाता है। प्रगति नामक कुछ नहीं है क्योंकि परम्परा नामक कुछ नहीं है।

मैं वहाँ खड़ा हूँ जहाँ पहला आदमी खड़ा था।''

स्वामी की रचनाशीलता प्रतिभा की आकस्मिकता की पूर्ववर्ती है। इसमें प्रकृति की आकस्मिकता अबूझ रहस्य है। जिससे स्वामी इन कविताओं में आश्चर्यचकित हैं, हैरान हैं, स्तब्ध हैं।

इन कविताओं के बारे में मैं स्वामी की ही एक काव्य-पंक्ति उद्धृत करना चाहता हूँ कि देखो 'ससुरों का रंग कैसा चोखा है।'

10 मार्च, 2014

अविराम स्वामी
अशोक वाजपेयी से संवाद

अविराम स्वामी

अशोक वाजपेयी से संवाद

अखिलेश : आपकी पहली मुलाकात स्वामी से कब और कहाँ हुई थी? आप क्या इस बात से परिचित थे कि आप एक चित्रकार से मिल रहे थे?

अशोक वाजपेयी : जगदीश स्वामीनाथन से पहली मुलाक़ात नई दिल्ली के कनाट प्लेस में शालीमार रेस्तराँ में हुई थी जहाँ हम लोगों की मित्रमण्डली, श्रीकान्त वर्मा, अशोक सेकसरिया, कमलेश, महेन्द्र भल्ला आदि बैठते थे और स्वामी अपने चित्रकार-मित्रों के साथ कभी-कभार आते थे। उनके अलावा गुलाम मोहम्मद शेख, अम्बा दास, हिम्मत शाह आदि से भी वहीं भेंट हुई थी वहाँ उनकी कलाकृतियाँ भी रखी रहती थीं और मालिक हमें उधार पर चाय वग़ैरह देता था। 1963-64 की बात होगी।

स्वामी का राममनोहर लोहिया और आक्तोवियो पाज़ से परिचय-सम्पर्क था। उन दोनों के साथ भी उनसे मुलाक़ात की याद आती है।

अ. : वर्षों बाद आपने उन्हें तुलसीदास पर आधारित कला प्रदर्शनी के उद्घाटन के लिए भोपाल बुलाया, उस वक़्त की कोई ख़ास घटना जिसने प्रभावित किया या स्वामी से आपके सम्बन्धों को नई दिशा दी हो?

अ.वा. : स्वामीनाथन को बुलाने का एक कारण तो यह था कि वे कलाकार होने के साथ प्रखर बुद्धिजीवी भी थे। वे 'लिंक' आदि में कला-समीक्षा लिखते थे और उनका हिन्दी साहित्य और लेखकों से अच्छा परिचय था। तुलसीदास पर आधारित प्रदर्शनी का उद्घाटन करते समय उन्होंने रामचरित मानस से जो उद्धरण दिये और व्याख्या की, उसने हम सभी को चकित किया था। विविध कलाओं के समागम 'उत्सव' में उनके रेखाचित्रों की एक प्रदर्शनी हमने कला परिषद की वीथिका में की थी।

अ. : स्वामी को रूपंकर संग्रहालय बनाने के लिए बुलाने हेतु आपको किस बात ने प्रेरित किया? आपके सम्बन्ध कई कलाकारों से थे और आप किसी को भी आमन्त्रित कर सकते थे। स्वामी ही क्यों?

अ.वा. : स्वामी इस बीच नेहरू फेलोशिप के दौरान देश के कई आदिवासी अंचलों में जा चुके थे, जिनमें मध्यप्रदेश भी शामिल था। उनका चयन राज्य कला-वीथिका के निदेशक के रूप में इसलिए किया था कि उनकी बौद्धिक समझ और पैठ, कला-जगत् में उनकी जगह और सम्बन्ध और उनकी साहित्य में रुचि अनोखी थी। दूसरे कलाकार सिर्फ़ अपने माध्यम तक सीमित लगते थे और उनका वितान स्वामी के वितान जैसा विस्तृत और उदार नहीं था।

अ. : जैसा कि आपने अपने किसी वक्तव्य में कहा ही है कि कल्पना भारत भवन की न थी, सिर्फ़ राज्य कला वीथिका प्रस्ताव था, स्वामी के आने के बाद इस परिकल्पना में बदलाव हुए। वह किस तरह के क्षण थे, जब आप लोग इन बातों पर विचार कर रहे थे। क्या इसमें भागीदारी राजनैतिक रूप से भी थी?

अ.वा. : भारत भवन का निर्माण तब अलसायी गति से चल रहा था: उसमें क्या हो, यह बहुत स्पष्ट नहीं था। राज्य कला वीथिका, मध्यप्रदेश रंगमण्डल और कविता पुस्तकालय के मेरे प्रस्ताव सरकार ने मंजूर कर लिये थे। मन में यह था कि बाद में इन्हें भारत भवन में अन्तरित कर लेंगे, अगर वह बन गया। स्वामी ने 'रूपंकर' में समकालीनता की परिभाषा को अधिक समावेशी बनाते हुए उसमें नागर कला के अलावा लोक और आदिवासी कला को भी शामिल करने का विचार रखा, जो भारत में इन रूपों के बीच हुए औपनिवेशिक अलगाव और दूरी को समाप्त करने का था। उस समय तक, बल्कि आज तक, भारत भवन के अलावा देश में कोई और कला-

केन्द्र नहीं है जिसमें समकालीन कला के ये तीनों रूप एकत्र किये गये हों। सवाल इन सभी रूपों को लोकतान्त्रिक समकक्षता देने का भी था। सुखद संयोग हुआ कि ब.व. कारन्त रंगमण्डल के निदेशक बनकर आये और उन्होंने हिन्दी की कई बोलियों को रंग-कार्य और प्रशिक्षण में शामिल किया। समकालीनता की अवधारणा इस तरह रंगमण्डल में भी परिवर्द्धित और संशोधित हुई

राजनैतिक भागीदारी इस रूप में ज़रूर थी कि सत्ता ने हमें यह सब कर सकने और इनके लिए आवश्यक वित्तीय साधन जुटाने की छूट दी और मदद की।

अ. : स्वामी का मिज़ाज एक किस्म से व्यवस्था-विरोधी रहा है। क्या शुरुआती कोई कठिनाई आयी, जिसमें स्वामी कुछ और चाहते रहे और वह सरकार की मंशा के ख़िलाफ़ रहा हो? आप एक कवि और प्रशासक होने के नाते किस तरह तालमेल बैठाने की कोशिश कर रहे थे या कि अपने 'कवि-ज़िद' से उसे एक तनाव में ले आये या ऐसा कुछ नहीं हुआ कभी?

अ.वा. : स्वामी मेरे इस गहरे-मुखर आश्वासन पर ही आये थे कि उन्हें सम्मान के साथ काम करने की पूरी स्वतन्त्रता होगी और किसी तरह का राजनैतिक हस्तक्षेप नहीं होगा। यह लगभग एक दशक अर्जुनसिंह के कारण सुनिश्चित हुआ। इस दौरान मैं सरकार का संस्कृति सचिव रहा और ऐसा एक भी अवसर नहीं आया, जब सरकार किसी तरह का हस्तक्षेप करने को उद्यत हुई हो। राजनेता और मन्त्रीगण, वरिष्ठ अफ़सर आदि कई बार नाक-भौंह सिकोड़ते थे, पर उनमें से शायद ही किसी ने हस्तक्षेप करने या कराने की हिम्मत या हिमाक़त की हो।

शुरू से ही भारत भवन ने ऐसा क़द पा लिया था कि उसमें हस्तक्षेप करने का दुस्साहस किसी राजनेता ने नहीं किया। अलबत्ता स्थानीय मीडिया ज़्यादातर हमारे विरुद्ध विषवमन लगातार करता रहा। कभी-कभार अगर इन सबको लेकर कुछ तनाव आदि हुआ तो मेरे स्तर पर ही निपट गया, स्वामी या कारन्त तक उसके जाने की नौबत ही नहीं आयी। स्वयं हमारे बीच दृष्टि-भिन्नता के कारण कई बार तीख़ी बहसें हुईं पर अन्तिम फ़ैसला स्वामी या कारन्त ही करते थे : मैं अपनी असहमति जता देता था पर उनके अभिमत और निर्णय का सम्मान करना मेरी नैतिक और प्रशासनिक दोनों तरह की ज़िम्मेदारी थी।

बिहार प्रेस बिल को लेकर, जो उस प्रदेश की कांग्रेस सरकार का क़दम था, व्यापक विवाद हुआ था। विपक्ष द्वारा, इस सिलसिले में, आयोजित रैली में स्वामी, कारन्त, निर्मल वर्मा ने भाग लिया था और उस पर कोई आपत्ति नहीं की गयी थी। अर्जुनसिंह ने सिर्फ़ इतना पूछा कि इन हस्तियों को म.प्र. सरकार से कोई असहमति और आपत्ति नहीं है। आज यह कहना ज़रूरी लगता है कि उस समय मध्यप्रदेश की संस्थागत संस्कृति में असहमति का सम्मान

था और उसके प्रति आदर भी था। इससे मीडियाकरों को बहुत क्षोभ होता था और वे आक्रामक होते थे पर अन्ततः कम से कम एक दशक वे कोई प्रतिकूल प्रभाव डालने में असमर्थ ही रहे आये।

अ. : क्या आपको लगता है कि स्वामी के चित्रों पर समकालीनता का दबाव था? आपके अनुसार संगीत और नृत्य इस आधुनिक दबाव से मुक्त हैं। क्या स्वामी के चित्र इसी मुक्ति के मुख़बिर हैं या उन पर किसी तरह का दबाव आपको दीखता है?

अ.वा. : स्वामीनाथन अपने समय में भरपूर जीने वाले व्यक्ति और चित्रकार थे: पर अपने समय को निरी समकालीनता तक महदूद करने से वे लगातार विरत होते गये। उन्हें हमारी बहु-सभ्यता की पहचानें थीं। समकालीनता और समय का दबाव सभी कलाओं पर पड़ता है पर उसे ग्रहण करने, अंगीकार करने, परिवर्द्धित-संशोधित करने की कई अलग-अलग दृष्टियाँ होती हैं। शास्त्रीय नृत्य और संगीत समकालीनता को परम्परा की निरन्तरता के रूप में देखते हैं, वे शास्त्रीयता और समकालीनता के नामसझ द्वैत का अतिक्रमण करते हैं। स्वामी ने कई स्तरों पर, सर्जनात्मक, वैचारिक और सांस्थानिक स्तरों पर अपने को परम्परा के कई तत्त्वों से जोड़ा जैसे मिनिएचर चित्रकला, लोक और आदिवासी कला से और अपनी समकालीनता को अधिक सघन, अधिक उत्तरदायी बनाने की चेष्टा की। स्वामी के यहाँ मुक्ति दोनों से है : परम्परा और समकालीनता की रूढ़ियों से क्योंकि ऐसी मुक्ति के बिना सर्जनात्मक दृष्टि और कार्य सार्थक नहीं हो सकता।

अ. : स्वामी इतिहास को नकारते रहे और इस ऐतिहासिक परिप्रेक्ष्य में मनुष्य की मजबूरी का गहरा अहसास उन्हें रहा, फिर एक संग्रहालय की स्थापना उसकी की पुष्टि-सा है। किस तरह ये संग्रहालय इस ऐतिहासिकता की पक्षधरता नहीं करता?

अ.वा. : इतिहास को लेकर आमतौर पर दो दृष्टियाँ हमारे यहाँ सक्रिय रही हैं: मार्क्सवादी और हिन्दुत्ववादी। दोनों ही में मुक्ति क्रमशः भविष्य या अतीत में है। स्वामी का इन दृष्टियों से मेल न था। दोनों ही दृष्टियों में व्यक्ति-चेतना, लोक-आदिवासी दृष्टियों और कला-कार्य के लिए कोई जगह न थी। संग्रहालय बनाना इतिहास का काम भले लगे पर स्वामी ने उसे क्रान्तिकारी रूप से समावेशी बनाकर समकालीन कला के इतिहास का भी एक प्रतिबिन्दु रचा। वह इतिहास का पिष्टपेषण नहीं, उसे बदलने और उसकी रूढ़ धारणाओं की चुनौती देने का निर्भीक प्रयत्न था।

अ. : स्वामी ये कहा करते थे कि "अक्सर आधुनिकता को अग्रगामी या अवाँगार्द होना मान लिया गया है।" स्वामी आदिवासी कला को सामुदायिक न मानते हुए वैयक्तिक अभिव्यक्ति मानते रहे। क्या ये सम्भव नहीं है कि उन्होंने आदिवासी कला को आधुनिकता का ही अंश माना हो। आपसे इस सन्दर्भ में बात हुई हो?

अ.वा. : आधुनिकता की अग्रगामिता की बपौती को कई बड़े कलाकारों ने अपने काम से चुनौती दी: संगीत में कुमार गन्धर्व, रंगमंच में हबीब तनवीर, ललित कला में जगदीश स्वामीनाथन ने। इन सभी ने कला की सामुदायिकता को स्वीकार करते हुए उसमें वैयक्तिक की खोज और प्रतिष्ठा की। जो दृष्टि या आधुनिकता मालवी निर्गुण को, नाचा और पण्डवानी को, आदिवासी कला को ऐतिहासिक दृष्टि से पिछड़ा या ग़ैर-आधुनिक मानती हो, उससे इन तीनों मूर्धन्यों की सहमति नहीं थी। तीनों ने आधुनिकता को शास्त्र और लोक में शामिल कर समावेशी और नये ढंग से परिभाषित किया।

अ. : स्वामी एक दशक तक सिर्फ़ पेड़, पहाड़, चिड़िया जैसे रूपाकारों के साथ काम करते रहे और साथ ही वे 'शैली' को कला इतिहास का सवाल मानते रहे। वे इस दोहराव से मुक्त होकर वापस अपनी तरह से काम करने लगे, जिसमें वे बिल्कुल ही अराजक ढंग से चित्रात्मकता पर टूट पड़े थे। इस तरह का काम वे 60 के दशक में कर रहे थे। आप उनकी इस दोहरी भूमिका को किस तरह देखते हैं?

अ.वा. : स्वामी जैसा कि कई और कला-चिन्तक कला में प्रगति की अवधारणा से इनकार करते थे: कला बदलती है पर उसमें प्रगति नहीं होती। एक कलाकार अपने लिए कुछ मूल अभिप्राय अपनी सर्जनात्मक खोज में चुनता है: वह उनसे नज़दीक या दूर जाता है पर वे उसके सृजन की बुनियादी वर्णमाला बने रहते हैं। इसलिए मुझे दोहराव या दोहरी भूमिका नज़र नहीं आते। स्वामी अविराम खोज का ही दूसरा नाम है।

अ. : कला में उत्तर आधुनिकता के प्रश्न पर स्वामी सहमत नहीं थे। उनना मानना था कि ये सब नहीं समकालीनता है। निश्चित उत्तर आधुनिकता की पहल पश्चिम में साहित्य से शुरू हुई, बाद में कला पर भी लागू हुई। क्या आपको लगता है कि इस तरह का कोई उत्तर आधुनिक दौर है?

अ.वा. : उत्तर आधुनिकता अन्ततः आधुनिकता का ही एक चरण, एक विस्तार है। उसका समकालीन होने का दावा अनुचित नहीं। लेकिन हमारे यहाँ इन दिनों कला में आधुनिक और समकालीन में भेद किया जाता है : हुसेन-रज़ा आदि से लेकर स्वामीनाथन तक की पीढ़ियाँ आधुनिक कही जाती हैं और बाद की पीढ़ियाँ समकालीन। यह विभाजन आलोचना में भले समझ के लिए ज़रूरी हो, सृजन में उसका कोई ख़ास अर्थ नहीं लगता। उत्तर आधुनिकता पश्चिम में वास्तुकला से शुरू हुई थी: उसमें अटल शाश्वत सत्य की तानाशाही का प्रतिरोध है, पश्चिमी संस्कृति के अलावा अन्य संस्कृतियों को हिसाब में लेने का उद्यम है, कई तरह की दृष्टियों और शैलियों की मान्यता है। यह सभी विधेयात्मक बातें हैं। उसके कुछ नाटकीय और भड़काऊ पक्ष भी हैं, जो कलाओं और साहित्य में कैसे नयी बातें नहीं हैं।

स्वामीनाथन का मध्यप्रदेश

स्वामीनाथन का मध्यप्रदेश

''बैतूल में मैंने रेखांकन करना फिर से शुरू किया। कभी कोई चेहरा या पेड़ या सिर्फ़ गोदागादी और एक दिन मैं और भैय्याजी कुलकर्णी, पुराना ट्रेड यूनियन का साथी, जंगल में भटक रहे थे और किसी 'कोरकू' गाँव में जा पहुँचे। एक लड़के को साँप ने काट लिया था और भोंपा उसे बचाने में लगा हुआ था। लगातार मन्त्र पढ़ते हुए उस लड़के पर पानी उड़ेलता जा रहा था। हम लोग मुग्ध सम्मोहित से देखते रहे और जल्दी ही लड़का ठीक हो गया और साँप, जो मटके के भीतर ढँका रखा था, उसे छोड़ दिया गया, जो बाँस के घने झुटपुट में ग़ायब हो गया। आदिवासी जीवन से यह आरम्भिक मुठभेड़ मेरे बाद के जीवन पर गहरा प्रभाव डालने वाला है।''

1955 में अपनी शादी के बाद स्वामीनाथन हनीमून मनाने के लिए बैतूल के घने जंगलों में बने कम्युनिस्ट पार्टी के विश्राम गृह में ठहरे थे। कामरेड डाँगे ने ही उन्हें बैतूल जाने के दो टिकिट दिये और दो सौ रुपये भी। फिर स्वामीनाथन का स्वागत करने उसी विश्रामगृह में उनसे पहले जा पहुँचे। ख़ैर, यह सब बात महत्त्व की नहीं है,

जो मैं कहना चाहता हूँ, वह उपर्युक्त घटना से सम्बन्धित है जिसे स्वामीनाथन ने भी स्वीकार किया कि– "... मेरे बाद के जीवन पर गहरा प्रभाव डालने वाला है।"

यह बाद के जीवन में प्रभाव डालने वाला तत्त्व क्या है? इस पर यदि हम विचार करते हैं, तब कोई ख़ास सफलता नहीं मिलती। स्वामीनाथन एक मुकम्मल शहरी बने रहे अन्त तक। उन सारी आधुनिकताओं के बीच एक ऐसा व्यक्ति, जो ऐतिहासिक समय को लगातार नकारता रहा और मनुष्य के ऊपर आ पड़े, बल्कि मनुष्य द्वारा जबरन ओढ़ लिये गये आधुनिक समय, जो कि विकासशील तकनॉलॉजी से दबा हुआ है, को समय के अन्तहीन होने से ख़ारिज करता रहा। स्वामीनाथन के लिए मनुष्य होने का अर्थ मनुष्यता के ऊपर ओढ़ा दिये गये तथाकथित अन्यान्य भेदभाव, जिसमें इतिहास के साथ नृशास्त्र, मनोविज्ञान, मानवविज्ञान समेत वे सारे शास्त्र और प्रणालियाँ, जो मनुष्य को परिभाषित कर इन सबके बोझ से दबाती हैं, से परे एक स्वतन्त्र मनुष्य जो प्रकृति के साथ अपना सीधा सम्बन्ध बनाये है।

इसी स्वतन्त्र मनुष्य के कार्यकलाप स्वामीनाथन ने उस कोरकू समुदाय में देखे थे और उपर्युक्त बातें अपनी अन्तिम हो जाने वाली प्रदर्शनी के 'ऑटो–बायोनोट में लिखीं।

यहीं पर इसी घटना ने सम्भवत: स्वामीनाथन की सोच–समझ को पूरी तरह झकझोर दिया। इसके पहले स्वामीनाथन कम्युनिस्ट पार्टी के पूर्णकालिक सदस्य की तरह समाज में हो रही हर गतिविधि को ऐतिहासिक समय के परिप्रेक्ष्य में देख–परख रहे थे। वे जानते थे प्रगतिशील होने के लिए तथाकथित सामन्ती समय से छुटकारा पाना होगा। उनके द्वारा किये जा रहे हर प्रयत्न के बीच कार्य–कारण का सम्बन्ध लगातार उज्ज्वल भविष्य की ओर जाने का उपक्रम था। वे जानते थे हिन्दू समाज की श्रेणीबद्धता की मुश्किलें और उनसे पार पाने का एकमात्र रास्ता मार्क्सवाद से होकर गुज़र रहा है।

हालाँकि यह भी तथ्य है कि शादी के तोहफ़े के रूप में न सही, स्वामीनाथन को ठीक शादी के बाद पार्टी से निकाला गया बहुत ही लिजलिजे आरोप से, कि पार्टी के सहकार्यकर्त्ता को उन्होंने व्यक्तिगत सन्देशवाहक बनाया। इस आरोप से आहत, पार्टी से विश्वासघात के आरोप से निकाले स्वामीनाथन कामरेड डाँगे के निमन्त्रण पर बैतूल के जंगलों में भटक रहे थे। अट्ठाईस साल के तर्कशील युवा के लिए दुनिया बदलने के सिवा कोई काम नहीं था। दक्षिणी परिवार में पले–बढ़े स्वामीनाथन का बचपन भरपूर पढ़ाई–लिखाई के माहौल में गुज़रा और युवा होते–होते समाजवाद के पक्षधर स्वामीनाथन ने अपना विद्रोही स्वर ऊँचा रखा, जो सामान्य तौर पर स्वीकार्य तौर–तरीक़ों और गुलामी के ख़िलाफ़ था। जो वर्ग–भेद और छुआछूत के ख़िलाफ़ था। जो उन सब बातों के विपरीत था जो

पाखण्ड या ढोंग की तरह था। एक तर्कशील व्यक्ति के सामने कुछ ऐसा घटता है, जो कार्य-कारण की सर्व-स्वीकार्य प्रणाली में नहीं बैठ पाता। जिसे किसी भी तरह समझा नहीं जा सकता और जो हाथ की सफाई या जादू नहीं है। एक मरणासन्न लड़का जीवित हो उठता है। साँप का ज़हर उतर जाता है। बग़ैर तकनीकी सहायता के सिर्फ़ आस्था के आधार पर।

यह आसानी से पचने वाली बात नहीं है। सम्भवतः पहली बार स्वामीनाथन का ध्यान इस संसार में मौजूद उस दूसरी साभ्यतिकता पर गया, जो किसी भी तार्किकता से बाहर है। जिसका सीधा सम्बन्ध प्रकृति से है। जो कार्य-कारण से बाहर रहकर जीवन जीता है। जिसे समय की ऐतिहासिकता का बोध नहीं है। जो न दूसरों का अध्ययन करता है, न ही जानता है कि वह अध्ययन का विषय है। वह इस संसार में उन सबसे ज़्यादा ख़ुश और सम्पन्न है, जो प्रगतिशीलता का बोझ लिये तकनीकी जँजालों में लगातार उलझते जा रहे हैं। और यह बात स्वामीनाथन के मन में बैठ गयी। उनका इस तरह से ख़ारिज होना अपने न होने की तरह लगा होगा। और यह बात उनकी स्मृति से कभी गयी नहीं। अपनी मृत्यु के तीन माह पहले लिखे बायोनोट में यह घटना उन्होंने दर्ज की है और हम लोगों ने उनके मुँह से कई बार सुनी होगी। स्वामीनाथन की स्मृति विस्मित कर देने वाली थी, इसका एक उदाहरण मैं देना चाहूँगा।

1974 में हुई त्रिनाले प्रदर्शनी देखने हम दस विद्यार्थी और कलाकार दिल्ली गये। उस वक़्त मैं द्वितीय वर्ष में पढ़ रहा था और हमारे से पहले पास हो चुके कलाकारों के साथ हम लोग दिल्ली की चकाचौंध कर देने वाली कला की दुनिया में चकित, हैरान और लगातार एक के बाद दूसरी कलाकृति से मुखातिब घूम रहे थे। दिन भर की थका देने वाली कला यात्राओं के पूरा होने पर एक रात कॅनाट प्लेस के बगीचे से हम लोग गुज़र रहे थे। अपनी धर्मशाला में जाकर सोने का सपना लिये इन थकी आँखों में एक बैनर कौंध उठा। ('Six Who Decline Trinnale') यह बैनर पढ़कर हम सभी की थकान दूर हो गयी और यह भी लगा कि त्रिनाले को नकारने वाले भी कलाकार हैं, जबकि हम लोग 'हाय हम न हुए हुसैन' की छाती पीट रहे थे। यह बैनर धूमिमल गैलरी पर लगा हुआ था और रात की इस देरी में वहाँ काफ़ी चहल-पहल थी।

सभी ने उत्साह में भरकर तय किया इस प्रदर्शनी को देखना ही है। और कुछ ही देर में उल्लसित हम लोग ठसाठस भरी उस गैलरी में थे, जहाँ कई विदेशियों, कलाकारों, कला रसिक के बीच हम उन कलाकारों को जानने-पहचानने की कोशिश करते रहे, जो इस प्रदर्शनी में थे। उस गैलरी में हम ही लोग अन्जान थे, जिन्हें कोई नहीं जानता था और जो किसी को नहीं जानते थे। मैंने उस वक़्त तक न स्वामीनाथन का नाम सुना था, न काम देखा था। गैलरी

इस कदर भरी थी कि उस कड़कती ठण्ड में हम लोग कुछ ही देर में अपने गर्म कपड़े उतारने की इच्छा लिये गर्म कपड़े पहने कोशिश करते रहे कि कुछ चित्रों को देख सकें, किन्तु निष्फल रहे इन प्रयासों की दरार में मैंने देखा कि गैलरी के केन्द्र में एक व्यक्ति धोती–कुर्ता पहने, बड़े बाल और दाढ़ी लिये, कन्धे पर एक शाल या स्वेटर डाले सबसे बात कर रहा है और हो न हो यही कलाकार है। और यह कलाकार की प्रचलित छवि से मिलता–जुलता भी है। अपने वरिष्ठों को भी उन्हीं की तरफ़ आकर्षित पाया और न जाने कब यह सिलसिला शुरू हो गया कि हम सभी अपनी स्केच बुक पर उनके हस्ताक्षर करवा रहे थे। चूँकि मैं द्वितीय वर्ष का सबसे युवा छात्र था, अतः सबसे पीछे खड़ा होना और सबसे अन्त में मेरा नम्बर आना ही मेरा हक़ था। जब मैंने अपनी स्केच बुक स्वामीनाथन को दी, तब तक शायद इस मूर्खतापूर्ण ऐतिहासिक कृत्य में जाने के हमारे उपक्रम से वे ऊब चुके होंगे। किन्तु स्केच बुक लौटाते वक़्त उनकी उड़ती हुई गहरी नज़र मेरी नज़रों से सेकण्ड के हज़ारवें हिस्से के लिए मिली और वे मुखातिब थे किसी ओर से। हम सब को जैसे त्रिनाले प्रदर्शनी का प्रसाद मिल गया, सो उस प्रदर्शनी को भी देखने का जतन न कर तत्काल ही गैलरी से बाहर निकले कॅनाट प्लेस में ठण्डी हवा में गहरी साँसे लेने लगे।

सभी के मन में गहरा सन्तोष था कि यात्रा में कुछ तो हासिल हुआ। यहीं बातचीत में पता चला जिनके हस्ताक्षर लिये हैं, वे स्वामीनाथन हैं। इसके कई साल बाद रूपंकर भारत भवन की शुरुआत होने वाली है। स्वामीनाथन की छवि हम सभी लोगों के मन–मस्तिष्क में छप चुकी थी। अभी उनके काम से परिचय नहीं हुआ था। उन्हीं की बातें करते हम लोग अपनी थकान लिए धर्मशाला, फिर इन्दौर लौट आये। 1981 में मैं रूपंकर, भारत भवन में नौकरी के इण्टरव्यू के लिए अन्य कई प्रतिभागियों के साथ कला परिषद् के गलियारे में रखी बेंच पर बैठे साक्षात्कार शुरू होने का इन्तज़ार कर रहा था। इतने में मैंने देखा स्वामीनाथन उस गलियारे के दूसरे छोर से हमीं लोगों की तरफ़ आ रहे हैं। वे सीधे मेरे पास आये और बोले हम लोग मिल चुके हैं। मैं अवाक्–सा उन्हें देख रहा था। मैं खद्योत–सम उन्हें याद रखूँ यह तो समझ आ रहा था, किन्तु वो मुझे कैसे याद रखे हुए हैं, सेकॅण्ड के हज़ारवें हिस्से के देखने में यह मेरी समझ से परे था और फिर आने वाले सालों में मैंने यह जाना कि वे अकल्पनीय ढंग से उन सब बातों को याद रखा करते हैं, जो अपने होने–दिखने में भी अत्यन्त साधारण है।

स्वामीनाथन के साथ मैंने लगभग बारह साल काम किया और यह भी जाना कि वे न सिर्फ़ असाधारण चित्रकार है, बल्कि परिष्कृत पुरुष भी हैं। वे अपने होने में लगभग नहीं होते थे, किन्तु उनका होना इतना प्रभावशाली था कि उससे बचा न जा सकता था। वे खुद्दार और अपने पर लगातार अविश्वास करते हुए अपने साथ और आसपास

पर भी अविश्वास रखते हुए पूरी आस्था से काम करते रहे। उनका भरोसा मनुष्यता पर था मनुष्य पर नहीं। वे आदिवासियों के बीच सहज महसूस करते रहे और उन दावतों से दूर जो किसी आधुनिक होटल में हो रही हो। मेरी नज़र में यह दो चित्रकार महत्त्वपूर्ण हैं, जिन्होंने किसी तरह का समझौता न करते हुए मनमानी की और समकालीन भारतीय कला को अन्तरराष्ट्रीय ऊँचाई और वैचारिक गहराई दी है। मक़बूल फ़िदा हुसेन और जगदीश स्वामीनाथन। एक मध्यप्रदेश में जन्मा और देश-विदेश को कर्मभूमि बनाया, दूसरा शिमला में जन्मा और मध्यप्रदेश को कर्मभूमि के रूप में चुना। यह मध्यप्रदेश के बैतूल का जंगल ही था जिसमें रहने वाली कोरकू जनजाति ने स्वामीनाथन के सोचने में वो फाँक पैदा की, जहाँ से तथाकथित आधुनिक तकनीकी प्रगतिशीलता का कचरा बह निकला और गहरी, व्यापक मानुषिक समझ ने जगह बनायी।

गीता कपूर ने स्वामीनाथन के चित्रों पर लिखते हुए कहा है कि स्वामीनाथन पर आदिवासी कला का प्रभाव है। गीता यहाँ इस तथ्य की अनदेखी कर रही है कि स्वामीनाथन अपने आरम्भिक दौर में भी इसी तरह चित्र बनाया करते थे, जिसमें किसी तरह की तान्त्रिकता का दावा नहीं है, न ही बनी-बनायी संरचनात्मक सरजमीं पर सोचा-सुलझा चित्रण।

स्वामी के देहावसान के बाद उनके 66वें जन्मदिवस पर भारत भवन की रंगदर्शनी दीर्घा में मैंने उनके चित्रों की छोटी-सी प्रदर्शनी आयोजित की थी, जिसमें उनके कुछ पुराने चित्र भी शामिल किये थे, बम्बई की केमोल्ड गैलरी के संग्रह से। इस प्रदर्शनी में स्वामी के चित्र 1963 से 1993 तक के थे। प्रारम्भ से अन्तिम समय तक के चित्र। उनके शुरुआती कामों की गहरी साम्यता अन्तिम कामों के साथ दिखाई देती है। स्वामी के सरोकार नहीं बदले रूपाकार ज़रूर बदले। इस यात्रा के चित्रों की व्याख्या यदि संक्षेप में की जाये तब स्वामी अपने स्वभाव से चित्र बनाना शुरू करते हैं और अन्त भी वहीं होता है। यह स्वभाव उन्होंने बैतूल के जंगलों में पाया। कोरकू गाँव की छोटी-सी घटना स्वामी को मजबूर कर गयी उन्हीं दिनों की जा रही गोदा-गादी के चाक्षुक-अर्थ को पहचानने को। यह अर्थ कारण से नहीं उपजा। कलाकृति का होना ही उसका अर्थ है, यह समझ उस घटना से अनजाने सामने आ गया। बाद में स्वामी ने कहीं लिखा है— ''कलाकृति यथार्थ की अभिव्यक्ति नहीं है, बल्कि अभिव्यक्त यथार्थ है।''

''कला का चेहरा कुछ-कुछ सूर्य की तरह है, वह हमें सन्देश नहीं देता, सीख देता है।'' स्वामीनाथन के लिए यह कुछ ऐसा ही था। वे कला को माध्यम नहीं मानते रहे। कला, कला के लिए है, इस विचार पर स्वामीनाथन का गहरा भरोसा रहा, वे उसे साध्य मानते थे साधन नहीं। सत्तर के दशक में जब हिन्दुस्तानी कला में राजनैतिक विचारों की प्रधानता से, कला मनुष्य को सन्देश देने का साधन है, का विचार प्रबल हुआ और कई चित्रकारों

ने इस आत्मग्लानि से कि हम समाज के लिए कुछ नही कर पा रहे हैं, अतः ऐसे चित्र बनाये जो समाज के दुख, तकलीफ़ों आदि को व्यक्त करते हुए किसी पर दोषारोपण करें, चित्र बनाना शुरू किया, तब स्वामीनाथन ने इसका प्रबल विरोध किया। और कला की मशाल इन दुर्दान्त दिनों में जलाये रखी आने वाली पीढ़ी के लिए। उन दिनों इस सामाजिक चित्रण का अंधड़ ऐसा चला कि हर तरफ़ इसका प्रभाव फैल गया था। अनेकों चित्रकार इस थपेड़े में औंधे मुँह गिर आत्मग्लानि में पोस्टरनुमा चित्र बना रहे थे। स्वामीनाथन अकेले थे, जिन्होंने इस अंधड़ का असर कम किया और अपना विचार प्रमुखता से कई बार रखा। 1982 में भारत भवन का बनना देश की सबसे बड़ी सांस्कृतिक घटना थी। आज़ादी के बाद पहली बार किसी प्रदेश ने पहल की थी देश में पहला आधुनिक कला संग्रहालय बनाने की। मध्यप्रदेश शासन ने स्वामीनाथन को आमन्त्रित किया इस महत्त्वपूर्ण कार्य के लिए।

यह भी दुर्लभ संयोग था कि इन दिनों मध्यप्रदेश के राजनैतिक क्षितिज पर अर्जुनसिंह विद्यमान थे। अशोक वाजपेयी, स्वामीनाथन, ब.व. कारन्त, चार्ल्स कोरिया आदि की युति, इसको एक अद्वितीय, 'भूतो न भविष्यति', कलाओं का घर, भारत भवन का रूप देने जा रही थी। यह भारत के किसी भी राजनेता के लिए सम्भव न हो पाया कि वे आज़ादी के बाद भारत की पारम्परिकता और आधुनिकता को गहरे सामंजस्य के साथ प्रदर्शित कर सके। एक असम्भव कल्पना साकार होने जा रही थी। रूपंकर देश ही नहीं विश्व का पहला संग्रहालय बना, जहाँ आदिवासी और शहरी कला एक ही छत के नीचे साथ-साथ रखी गयी। स्वामीनाथन के लिए यह महत्त्वपूर्ण था कि कलाओं में किसी भेद-दृष्टि को प्रश्रय न दिया जाये। शहर और गाँव या जंगल में रहने वाले मनुष्य की कलाओं में शहरी, लोक और आदिवासी का लेबल चस्पां न कर उसे उसके एकान्त और उसके ऊर्जस्वित आलोक में ही देखा जाये और यह उन्होंने कर दिखाया। भारत भवन रूपंकर से निकला यह विचार शीघ्र ही विश्वव्यापी हुआ और सभी देशों ने अपनी पारम्परिक आदिवासी कलाओं की तरफ़ ध्यान देना शुरू किया, यहाँ तक कि शताब्दी का अन्त आते-आते वर्ष दो हज़ार में लूव्र पेरिस में भी आदिवासी कला का बड़ा प्रभाग खुल गया।

रूपंकर का संग्रह कम समय में ही देश का सबसे बड़ा और महत्त्वपूर्ण संग्रह बन गया। एक छोटे-से उदाहरण से यह बात स्पष्ट हो जायेगी कि देश की सबसे पुरानी संस्था 'नेशनल गैलरी ऑफ़ माडर्न आर्ट', जो पिछले चालीस सालों में सक्रिय है और कलाकृतियों का बड़ा संग्रह रखती है, को भी देश से बाहर जाने वाली महत्त्वपूर्ण कला प्रदर्शनी के लिए रूपंकर से कलाकृतियाँ लोन पर लेनी पड़ती रही हैं। महज़ आठ सालों के संग्रह में स्वामीनाथन ने बहुत से कलाकारों की कृतियों के बजाय कम कलाकारों की महत्त्वपूर्ण कलाकृतियों का संग्रह रुचि और दूरदृष्टि से किया। यह विशेषता भारत के किसी संग्रहालय की नहीं है।

मध्यप्रदेश की ज़मीन पर स्वामीनाथन की शुरुआत बैतूल के जंगल से शुरू होती है और आगे जाकर यही सोच स्वामीनाथन को मध्यप्रदेश खींच लाती है, जहाँ से वे शुरुआत करते हैं। कला में एक बड़े परिवर्तन की, जिसमें कला का महत्त्व अपनी जगह है, फिर भी वे महत्त्व देते हैं जीवन को, मनुष्य को, वे कहते हैं- ''संरक्षण की बात में कला को प्राथमिकता मत दीजिये, जीवन को हमेशा प्राथमिकता दीजिये। आप उनके (आदिवासी समुदाय) जीवन को उजाड़ रहे हों, आप उनको ख़त्म कर दे रहे हो और कला के संरक्षण की बात करते हो। कला की ऐसी की तैसी।''

20 जनवरी, 2011

मुश्किल मक्खी
ज. स्वामीनाथन को लिखा पत्रांश

मुश्किल मक्खी
ज. स्वामीनाथन को लिखा पत्रांश

...मुझे एक समस्या ने आ घेरा।

आपका चित्र जहाँ टाँग रखा है वह मेरे घर में एकमात्र स्थान है जो उचित है और सुरक्षित भी (पानी सिर्फ़ उसी दीवाल पर नहीं आता है) किन्तु पिछली बार भी और अब जब पुनः उसे टांगा है तब भी--एक काले रंग की मधुमक्खी की जाति की मक्खी--उस पर नियमित रूप से आकर निश्चित स्थान पर बैठती है, उसे अगर भगा दें तो थोड़ी देर बाद पुनः। मुझे उसके बैठने पर एतराज़ नहीं है किन्तु लगता है उसके बैठने पर वह कुछ ख़राब करना न शुरू कर दे। इस बात का क्या इलाज हो सकता है? मैं क्या करूँ? क्या बेलतेल लगाना ठीक होगा? पहले भी जब चित्र टांगा था तो इसी मक्खी से परेशान होकर उसे उतार कर रख दिया था; कई दिन बाद पुनः यही परेशानी सामने है। यह मक्खी छोटा सा छेद-जिसमें वह घुस सकती हो--में घुसकर अण्डे देती है फिर बहुत

सारी मकड़ियाँ मरी हुईं उसमें रखकर बाहर से सफ़ेद चूने जैसे पदार्थ से बंद कर देती है। यह पदार्थ भी काफ़ी कठोर है। पानी में पेट्रोल की बूंद डालने से जो प्रिज़्म रंग दिखाई देते हैं वैसे रंगों से चमकती सी भी दिखाई देती है यह मक्खी। मूल रंग काला ही है। जैसे एक पारदर्शी परत हो रंगों की। मधुमक्खी से शरीर थोड़ा पतला। एक अच्छे मोटे चींटे की तरह। काफ़ी शान्त स्वभाव की है और अक्सर छेद में घुसकर अण्डे देने में लगी रहती है कि अगर थोड़े दिन बाद किसी भी जगह ध्यान दें तो चूने से बंद जगह दिखाई दे जाती है यहाँ तक कि बिजली के स्थान--थ्री पिन या प्लग पिन तक बंद कर जाती है। घर के कई स्थानों में वह घर बना चुकी है। स्ट्रेचर के जोड़ के छेद, रैक के छेद, दीवार पर कील से हुए छेद, टेप रिकॉर्डर में स्क्रू लगे हुए (जिसमें स्क्रू काफ़ी अन्दर रहता है) छेद यानी की कोई ऐसी जगह नहीं छोड़ी जहाँ थोड़ा सा, छोटा सा छेद हो और सफ़ेद चूने से बंद ना हो। इसमें मुझे कोई आपत्ति भी नहीं है। भ्रूण हत्या का पाप भी सबसे बड़ा पाप है।

सबसे आश्चर्यजनक बात यही है कि जब वह पूरे घर में लगातार छेद बंद करती जा रही है (इसी के मारे मैं कान और नाक के छेद रुई से बंद किये घर में घूमता हूं) तो क्यों वह चित्र की सपाट सतह पर बैठती है? वह भी एक निश्चित स्थान पर। वह रोज़ चिड़िया के सर के ऊपर थोड़ा सा दूर बैठती है। वह अगर चित्र के गहरे रंगों पर छेद के भ्रम में बैठती तो भी समझा जा सकता है किन्तु शफ़्फ़ाक चटख पीले रंग के आसमान पर बैठना? कहीं वह कलर ब्लाइंड तो नहीं? कहीं मैं कलर ब्लाइंड तो नहीं? शाम तक वह निश्चल बैठी रहती है कुछ करती भी नहीं नज़र आती। उसके जाने के बाद ध्यान से देखने पर वहाँ उसने कुछ गंदा भी नहीं किया होता है। फिर अगर कुछ हलचल दिखाई दे तो वह खाने की चेष्टा कर रही है ऐसा भी कुछ नहीं। बस यही एक बात कि रोज़ एक ही स्थान पर आकर बैठना। पूरा चित्र पीले रंग से भरा पड़ा है और अगर वह ध्यान से देखें तो पीले में भी कई पीले रंग और भी हैं। जो भी पीला रंग उसे पसंद हो चुन सकती है। चुन तो लिया ही है, बैठी भी है। यह उसका एकान्त है जिसमें कभी हमारे घर का कोई सदस्य या आने वाला कोई मेहमान भागीदार हो जाता है। उसकी मर्ज़ी कतई नहीं या—हो सकता है--उसकी मर्ज़ी भी कभी कभी हो सकती है। किन्तु कोई भी भागीदारी अक्सर खलल का रूप ही लेती है। उसे उड़ा दिया जाता है या काफ़ी देर तक पुनः बैठने नहीं दिया जाता है या उसे बाहर करके ही दम लिया जाता है। शेर का माथा काट लाने वाले—विजयी मुस्कान के साथ घर में दाख़िल होते हैं—उसे बाहर भगाने के चक्कर में ख़ुद भी घर के बाहर हो जाते हैं-और जैसे ही चित्र की ओर देखा तो वह वहीं बैठी है। चलने उड़ने का फ़र्क़। अब क्या करें? गर्मी बहुत पड़ रही है; एक बार में ही पसीने पसीने हो गये हैं। वह 'सूखी' वहीं बैठी है। दोबारा प्रयत्न करने की हिम्मत ही नहीं। गर्मी बहुत पड़ रही है।

क्या बेलतेल लगा दूँ? आपके चित्रों के साथ इस तरह का रहस्य एक बड़ा भाग है।...

उसके बारे में

उन दिनों अख़बारों में उसके बारे में बहुत लिखा गया। ज़्यादातर लापरवाह और बेध्यानी से, भरपूर ग़ैरजिम्मेदारी से। ज़्यादातर बिना सरोकार, बिना स्नेह, बिना जाने, सिर्फ़ बहती गंगा में हाथ धोकर प्रसिद्ध होने की लालच में। लिखे गये का ज़्यादा हिस्सा झूठ से भरा है। लिखे गये हर पाठ में हर विद्वान ने तथ्य जाने बग़ैर उसके बारे में मनगढ़न्त कहानी लिखी। कुछ अपना स्वार्थ साधते लिखे तो कुछ उसकी प्रसिद्धि के छींटों से भीगे ख़ुद को उस जगह देखते हुए। यह सब एक बात स्पष्ट कर देता है कि अधिकतर लिखने वाले ग़ैरजिम्मेदार थे और अपने माध्यम के प्रति उदासीन और अज्ञानी है। उसके बारे में जितना छपा है, उसे पढ़कर अब और ज़्यादा लिखने को उत्सुक ऐसे कई लोगों की भीड़ चली ही आ रही है, जो अपनी जिज्ञासा में अनेकों छपे झूठ को सच मानकर बहस करने लगी है। परिणाम में एक बड़ा झूठ तो प्रचलन मं आ ही गया है, जिसे 'गौण्ड कला' के नाम से निस्संकोच वापरा जा रहा है।

उसके बारे में छपा कि वह किसी 'जेल में बन्द है और उसे वहाँ से आने नहीं दिया जा रहा है' ऐसा एक ख़त

उसने बिहार के एक कलाकार को लिखा है। उसका कोई ख़त बिहार के किसी कलाकार के पास नहीं आया। 'उसे जबरदस्ती बंद कर उससे अनेकों चित्र बनवाये जा रहे हैं।' 'उसे बिना उसकी इच्छा के जापान ले जाया गया है।' यह सब या इस तरह की अनेकों बातें झूठ सिर्फ़ इसलिये साबित हो जाती हैं कि वह बच्चा नहीं था, जिसे अपना अच्छा या बुरा न समझता हो। वह दुनिया घूमा हुआ था और उसके इर्द-गिर्द कई लोग थे, जो ये जानते थे कि उसकी मर्जी के बग़ैर उसके साथ कुछ नहीं हो सकता था। वह स्वतन्त्र था और अपनी शख़्सियत का मालिक था। वह ज़िद्दी था और दूसरी तरफ गहरा संवेदनशील। उसमें आत्मसम्मान था और वो अपनी खोती जा रही पहचान के प्रति सजग था। एक घटना बतलाता हूँ :

''वह पेरिस से लौटा था। पेरिस में एक प्रदर्शनी हुई थी जिसमें दुनिया के सौ जादूगरों को आमन्त्रित किया गया था, जो अपनी उँगलियों से अचम्भा पैदा करते हैं। पेरिस में ठण्ड रही होगी और उससे बचने के लिए उसने महँगी और नये फ़ैशन की एक जैकेट ख़रीदी होगी। उसके लौटने पर मैंने घर में एक दावत रखी थी जिसमें स्वामी जी और कुछ साथी कलाकार भी शामिल थे। दिसम्बर के ठण्ड के दिन थे, हम लोग घर के आँगन में आग जलाकर उसके चारों और बैठे थे। रात गहरा गई थी और आग की ताप और रसरंजन की वजह से बातचीत के विषय भी आग की लपटों की तरह इधर-उधर लहरा रहे थे। इसी बीच स्वामीनाथन ने चुटकी ली, 'अब तो तुम भी शहरी हो गये हो, ये जैकेट.....'। उनका वाक्य अधूरा रह गया। वह झटके से खड़ा हो गया और आनन-फानन में उसने अपनी जैकेट उतारी और आग में झोंक दी। जैकेट आधुनिक सिन्थेटिक कपड़े की बनी थी, तुरन्त ही आग पकड़ जलने लगी। वह वापस निश्चिन्त बैठ गया और पहले की तरह बात करने लगा मानों कुछ हुआ ही नहीं। इस घटना से साफ़ होता है कि एक स्वतन्त्र, आत्माभिमानी कलाकार को हाँका नहीं जा सकता।''

रूपंकर में आदिवासी और आधुनिक कला को पास-पास रख स्वामीनाथन एक बड़ा काम कर रहे थे। हमारे गुलाम मस्तिष्क में यह भेद बहुत ही साफ़ और गहरे धँसा है कि आदिवासी, जो जंगल में रहता है वह अजूबे की बात है। इस 'आदिवासी' को मानव समाज से बाहर रखकर अध्ययन का विषय मानकर, मानों वह मनुष्य नहीं कोई और प्रजाति का जीव है, अनेकों ने ग्रन्थ लिख अपनी विद्वता का झण्डा गाड़ा। इनमें से अक्सर सभी ने 'विषय' से एक दूरी बनाये रखी। राजनेताओं ने भी इन्हें आज तक छब्बीस जनवरी पर निकलने वाले परेड में 'विचित्र नाच नाचने वालों' से ज़्यादा कुछ नहीं समझा। इस झाँकी को आदिवासी रस से भरने की शुरुआत हमारे पहले प्रधानमन्त्री ने की और बाक़ी बचे प्रधानमन्त्रियों का आदर्श चूँकि पहला वाला ही रहा, इसलिए आज तक छब्बीस जनवरी की परेड के लिए इन आदिवासियों को शिद्दत से याद किया जाता है। इससे ज़्यादा इनके बारे में भारतीय

समाज कुछ नहीं जानता। स्वामीनाथन एक बड़ा जोख़िम ले रहे थे कि वे कला में मौजूद भेद को समाप्त कर 'मनुष्य द्वारा' की जाने वाली कला की महत्ता को केन्द्र में लाने की पहल कर रहे थे। इसी पहल में उन्होंने कई प्रदर्शनियाँ भी आयोजित कीं। मुझे अच्छे से याद है, जब स्वामीनाथन ने इसकी एक प्रदर्शनी दिल्ली की दीर्घा में आयोजित की तो सिर्फ़ तीन शहरी कलाकार प्रदर्शनी देखने आये, शेष ने स्वामी को झिड़का ही कि ये क्या तमाशा कर रहे हो, ये कोई कला है? उन्हीं में से कई ने बाद में इस पर लेख लिखे कि कैसे उन्होंने इसकी प्रतिभा को पहली नज़र में ही पहचान लिया था और उन्होंने जो कुछ भी उसके लिए किया, सिर्फ़ इसी कारण से वह अन्तरराष्ट्रीय कलाकार हो गया। यह कहकर उन्होंने अपनी पीठ ख़ुद ही एक बार और थपथपा ली।

प्रसिद्ध नृतत्त्वशास्त्री श्री हीरालाल शुक्ल ने एक बार कहा, 'इतने सालों में जो काम कोई सरकार नहीं कर पायी, जो काम कोई और संस्था नहीं कर सकी, वो अकेले स्वामीनाथन ने कर दिखाया। आदिवासी इलाकों में स्वामीनाथन को भगवान की तरह मानते हैं।' यह बात सच भी है कि स्वामी जी की उस छोटी-सी शुरुआत के कारण आज मध्यप्रदेश और छत्तीसगढ़ के आदिवासी इलाकों में रहने वाले लगभग चार लाख आदिवासी जीविकोपार्जन के लिए अपने हुनर पर आश्रित हैं। उनके भीतर आत्मविश्वास और एक सम्बल जागा है। अब हफ्तों दस रुपये की दिहाड़ी की मजदूरी का इन्तज़ार नहीं करना पड़ता है। अब वे अपनी इच्छा और मर्ज़ी से काम करते और कमाते हैं। यह कोई आसान काम नहीं था। मैंने तो चार लाख अपने अन्दाज़ में ही लिखा है। संख्या इससे ज़्यादा भी हो सकती है। बयासी में शुरू किये गये इस यज्ञ की आँच से तप कर आज अनेक मुल्कों में इस दिशा में काम हो रहा है और अब इसे 'आदिवासी कला' कहने में भी एक तरह का नृतत्त्वशास्त्रीय फन्दा ही नज़र आता है, तो इसे और ज़्यादा मुक्त करने के लिए Vernacular कला भी कहा जा रहा है। मैं तो चाहूँगा कि इसे इस सम्बोधन से भी मुक्त किया जाना चाहिए और सिर्फ़ कला की तरह ही बरतना चाहिए, तब इस यज्ञ की आहूति पूर्ण होगी। इन अन्तरराष्ट्रीय बहसों को बीच ले आने में 'उसका' भी हाथ है। वह भले ही अब इन सब बातचीत और बहस से बाहर चला गया है, किन्तु उसी के कारण 'आदिवासी कला' पर भारतीय समाज में ध्यान दिया जाने लगा। हालाँकि इसके पहले भी कई कलाकार मौजूद थे और वे बहुत अच्छे कलाकार होने के साथ नामचीन भी थे, किन्तु उनकी समझ का दायरा अपनी कला के साथ जुड़ा था। सीमित था।

उसके बारे में यह कहना बिल्कुल ही ग़लत होगा कि वह अनपढ़ था। ये बात ज़रूर है कि वह उस Macaulay Education System में नहीं पढ़ा था, जो हम भारतीयों को अपने बारे में अज्ञानी और संस्कृति विहीन बनाता है। किन्तु वह लिखता था और हिन्दी में लिखे उसके अन्तिम ख़त में हिज्जों की ग़लतियाँ शहर में पढ़े-लिखे कई लोगों

से कम हैं। यह ख़त जो उसके दाह-संस्कार के बाद मिला, जिसे उसने अपनी आत्महत्या के तीन दिन पहले लिखा था। उस ख़त में, जो उसने अपनी पत्नी ननकुसिया श्याम को लिखा था, कई बार वह चिन्ता करता है बच्चों की, घर की और परिजनों की। वह अपने आने के बारे में दो बार लिखता है। वह कहता है कि इक्कीस या उन्तीस जुलाई को लौट रहा है। वह यह भी कह रहा है कि 'अम्मा' और 'ठाकुर साहब' से मिलकर मेरे बारे में विचार करने को कहना और जानना कि मेरे साथ क्या होगा? एक जगह यह भी लिखता है कि, "पता नहीं अब आप लोगों से मिल सकूँगा या नहीं ऐसा लगने लगा है।" यह वाक्य ख़त के आख़िरी हिस्से में लिख रहा है। इसके बाद वह यह भी लिख रहा है कि मंगत से कहना अगले रविवार को फ़ोन करूँगा। ख़त में कई बार ज़िक्र है मेरे बारे में विचार करवाना। चिन्ता है बच्चों की। परिजनों की। ज़िक्र है वीज़ा बढ़वाने का। नब्बे दिनों का टूरिस्ट वीज़ा। आने की तारीख़ का ज़िक्र भी है। यहाँ दो बातें साफ़ हैं कि वीज़ा ख़त्म होने पर वीज़ा बढ़ाया गया है और आने की तारीख़ बढ़ाई गयी है, जो उसी माह के दस दिन बाद वाली तारीख़ है। याने वह अगले दस दिन और रुकेगा।

दो हज़ार एक में जब उसकी मृत्यु का फ़ैक्स आया था, तभी से मेरे मन में 'कभी इस जगह जाऊँगा' का विचार बैठ गया था। चौदह बरस बाद यह मौका मिला और मैं मिथिला संग्रहालय, निगाता गया। मिस्टर हासेगावा, जो एक दिलचस्प, दिलकश, दिलदार और ज़िन्दगी को भरपूर जीने वाले शख्स हैं, इस संग्रहालय के निदेशक, मालिक, रचयिता, संरक्षक आदि सभी कुछ हैं। उनके साथ बिताये गये सात दिनों में एक बार भी ऐसा नहीं लगा कि कुछ बनावटी है, कुछ संदेहास्पद है। जापान में संग्रहालय, वो भी भारतीय लोक आदिवासी कला का संग्रहालय, यह सब एक दीवानगी लग सकती है, जो कि वास्तव में वही है। इस दीवानगी की शुरुआत सत्तर के दशक से होती है। मिस्टर हासेगावा, टोक्यो में रहने वाले सम्भ्रान्त परिवार के सदस्य हैं जो समुराई, एक तरह के विशेष तलवारबाज़ योद्धा की सोलहवीं पीढ़ी से हैं।

चौबीस वर्ष की उमर में उन्होंने अपने पिता से कहा कि वे पहाड़ों में जाकर रहेंगे और वे टोक्यो छोड़कर इधर चले आए। कुछ वर्ष इन सुनसान पहाड़ी इलाकों में भटकते रहने के बाद जब वे कुछ काम से टोक्यो गये थे, वहाँ किसी हिप्पी को, जो हिन्दुस्तान से लौटा था, मिथिला, मधुवनी के कुछ चित्र बेचते हुए देखा। उनकी जिज्ञासा उन्हें वहाँ खींच ले गई और उन्होंने उससे चित्र लेकर देखना शुरू किये। उसमें एक चित्र पर उनकी नज़र अटक गयी। यह चित्र था— 'गंगादेवी' का। चित्र की कलात्मकता पर रीझे, कल्पना में उलझे, मिस्टर हासेगावा कुछ ही महीनों बाद मिथिला में गंगादेवी से मिल रहे थे और इस बार उन्होंने कुछ ज़्यादा चित्र खरीदे। बयासी में मिथिला संग्रहालय की इच्छाशक्ति और अपने ख़र्च से शुरुआत कर डाली। उसके बाद लगातार गंगादेवी, जमुनादेवी, बोवादेवी

ही नहीं, अनेक लोक आदिवासी कलाकारों को वे आमन्त्रित करने लगे और आज इस संग्रहालय में गंगादेवी, नीलमणी देवी, जिव्या सोमा म्हाशे, जनगणसिंह श्याम आदि अनेक कलाकारों की कलाकृतियों का विशाल और महत्त्वपूर्ण संग्रह यहाँ है। इतने बरसों में उनका लक्ष्य सिर्फ़ उत्तमता ही रहा। संख्या से कभी मिस्टर हासेगावा प्रभावित नहीं हुए। इन चार भारतीय कलाकारों की कलाकृतियाँ का श्रेष्ठ और महत्त्वपूर्ण संग्रह भारत में नहीं, जापान में है, जो सिर्फ़ एक आदमी की दीवानगी से पैदा हुआ है।

निगाता, टोकामाची शहर से कुछ दूर पहाड़ियों में बसा इतना छोटा गाँव है कि उसमें सिर्फ़ एक ही परिवार रहता है। यह परिवार ज़ाहिर है मिस्टर हासेगावा का है जिसमें उनकी पत्नी, लड़का और लड़की के अलावा दो कुत्ते भी शामिल हैं। ठण्ड के मौसम में यह जगह दुनिया से लगभग पाँच महीनों के लिए कट जाती है। यहाँ चार मीटर तक बर्फ़बारी होती है जिसकी सफाई की जिम्मेदारी मिस्टर हासेगावा की ही है। वहीं सामने एक छोटा-सा तालाब है जिसमें आसपास लोग मछलियाँ मारने आते हैं। ये लोग मछली बामुश्किल पकड़ते हैं और जो पकड़ते उसे वापस तालाब में छोड़ देते हैं। सामने की पहाड़ियाँ पेड़ों से भरी हैं। पीछे उतराई है, जो धीरे-धीरे उस सड़क तक चली जाती है, जो इसी गाँव को आती है। दो कव्वे स्थाई रूप से मछलियों के लिए काँव-काँव करते उड़ते रहते हैं। एक बिल्ली है, जो यहाँ-वहाँ भटकती रहती है। मिस्टर हासेगावा का घर तालाब किनारे है और उनके चार घर और यहीं आसपास हैं। ये सभी घर संग्रहालय में आने वाले कलाकारों के लिए आश्रय स्थल हैं। इन्हीं में से एक में जो मिस्टर हासेगावा के घर की दाईं ओर है, वह रहा था; जहाँ उसने न जाने क्यों अपनी इहलीला समाप्त की?

सर्पीली सड़क इस गाँव तक आती है, जिस पर पेड़ों से गिरे पत्तों का भूरा रंग बिछा हुआ है। तालाब किनारे ही एक मन्दिर है, जो देखभाल और मरम्मत के लिए इन दिनों बन्द है। मोड़ पर जहाँ से मिथिला संग्रहालय दिखना शुरू होता है 'पहाड़ की चट्टानों के बीच अलाव में एक देवता की प्रतिष्ठा की गई है, जो यात्रियों को सुरक्षित रखने का काम करता है।' आसपास के इलाकों में ढेरों गर्म पानी के गंधक भर सोते हैं जिन्हें वहाँ के स्थानीय लोगों ने स्नानघर में तब्दील कर लिया है और सभी जगह लोग नंग-धड़ंग स्नान करने आते हैं। आसपास की पहाड़ियों पर ज़्यादातर चीड़ के वृक्ष हैं और पास ही एक झरना है जिसका धातुज पानी स्वास्थ्यकारी है। इस पूरे इलाके में प्रकृति मेहरबान है। चारों तरफ़ पहाड़ियाँ, ऊपर खुला आसमान, साफ़ हवा और उसमें वानस्पतिक गन्ध। यह सब मिलकर आपको प्रेरित करती है इस खुले जंगल में विचरने को, जहाँ चीड़ के ऊँचे वृक्षों की फुनगी पर छोटी-छोटी चिड़िया चहचहाती बैठी हैं और बीच-बीच में एक-दूसरे का पीछा करतीं उड़ती हैं। उनकी तीख़ी आवाज़ आपका ध्यान खींचती है। चक्करदार सड़क पहाड़ों पर ऊपर-नीचे आती-जाती दीखती है, जिसके किनारों पर पेड़ों के झड़े पत्ते जमा हैं। इन्हीं सड़कों पर वह भी भटका होगा और गाया

होगा कभी कोई गीत। उसके बारे में जो अख़बारों में छप रहा था, वह सनसनीखेज़ पीली पत्रकारिता का अकाट्य उदाहरण है। हर बात कुछ ऐसी छापी जा रही थी, मानों संवाददाता वहीं खड़ा होकर देख, लिख रहा हो। हमारे ग़ैरजिम्मेदार कलाकारों का एक बड़ा समुदाय इस पीली पत्रकारिता की गर्म ख़बरों का मज़ा ले रहा था और आज तक उसी को सही समझता हुआ अपना शेष जीवन शेष कर रहा है। इस तरह की ख़बरों और बकवास का सामना मुझे रोज़ करना होता था। उन दिनों शासन ने मुझे इस विषय को बरतने का निर्देश दिया था जिससे भारत भवन से ही पत्रकारों को वास्तविक घटनाक्रम का विश्वस्त ब्यौरा मिल सके। जो हम लोगों में से किसी के पास नहीं था। रोज़ सुबह-शाम पत्रकार नियमित रूप से आते थे और उनके पास दिल्ली में छप रही इन ऊलजलूल ख़बरों का ढेर होता था, जिसमें एक प्रश्न रोज़ पूछा जाता था कि उसने वहाँ जाकर आत्महत्या क्यों की ? यह किसी को मालूम नहीं था और इस बारे में कोई कयास लगाना, किसी को जिम्मेदार ठहराना उसी पीली पत्रकारिता की ग़ैरजिम्मेदार बाढ़ में बह जाना था, मैं उन्हें एक कहानी सुनाता था—

''नीलगिरी के पहाड़ों में एक तोता रहता था। भगवान विष्णु का वाहन गरुड़ उसका दोस्त था। जब भी गरुड़ को फुरसत होती वो अपने दोस्त से मिलने चला आता और वे घण्टों बातचीत करते कभी मिनटों। यह क्रम कई वर्षों से लगातार चला आ रहा था। एक बार तोते का ध्यान इस तरफ़ गया कि उसके बच्चे, उनके बच्चे और उनके बाद कई और बच्चे मर चुके हैं, किन्तु वह अभी तक ज़िन्दा हैं। वह भी किसी दिन मर जायेगा और उसकी यह दोस्ती ख़त्म हो जायेगी। इस बात से वह चिन्ता में डूब गया। उसने अपनी चिन्ता गरुड़ से व्यक्त की और कहा तुम तो उनके वाहन ही हो, क्यों न उनसे कहकर मुझे अमर करवा देते हो, सो हमारी दोस्ती भी बरकरार रहेगी। गरुड़ को भी बात समझ आ गई। वो भगवान विष्णु के पास पहुँचा और अपनी व्यथा कह डाली। विष्णु ने कहा, मैं पालनहार हूँ, किसी को अमर नहीं करता, किन्तु चलो भगवान शिव के पास चलते हैं, वे अक्सर अमर होने का वरदान देते रहते हैं। भगवान शिव सुनकर बोले, देखो मैं उसी को वरदान देता हूँ जो मेरी कठिन तपस्या कर मुझे प्रसन्न करता हो। अतः हमें भगवान ब्रह्मा के पास जाना होगा। वे दोनों भगवान ब्रह्मा के पास पहुँचे और पूरा किस्सा बतला ही रहे थे कि तीनों ने देखा कि यमराज उस तोते को लिये जा रहा है। ब्रह्मा, विष्णु, महेश तीनों ही नाराज़ हुए और यमराज को कहा, ये क्या किया, हम इसी तोते को अमर करने की बात कर रहे थे और तुमने उसे मार दिया ? यमराज ने कहा, क्षमा चाहता हूँ, किन्तु मैंने इस तोते की बहुत ही असम्भव मृत्यु लिखी थी। मैंने लिखा था कि जिस दिन ब्रह्म, विष्णु, महेश तेरे बारे में बात करेंगे उस दिन तू मरेगा। अब आप लोगों को कहाँ फुर्सत कि एक मामूली तोते के बारे में बात करते! बरसों बाद आज आप तीनों मिले और यह मौका आया।''

यह कहानी मृत्यु की अनिश्चितता की कहानी है। सब अपनी मृत्यु की ओर अन्जाने ही जा रहे हैं। उसके लिए

किसी तरह का कारण ढूँढ़ना मनुष्य की कमज़ोरी का ही प्रमाण है। मनुष्य मृत्यु की भयावहता, जो है नहीं, से भयभीत हो उससे अपना किसी तरह का अस्थाई सम्बन्ध बनाने के लिए उसका कारण ढूँढ़ता रहता है। जन्म की तरह मृत्यु भी अनिश्चित है। जन्म के अनिश्चित होने की तरफ़ ध्यान इसलिए नहीं जाता होगा कि कुछ हासिल हुआ है। मृत्यु में वह कुछ खोता है इसलिए वह अपने को सान्त्वना देता है और यही उसकी कमजोरी है कि वह सान्त्वना की तलाश में है। इस कहानी को सुन अनिश्चय से भरे पत्रकार हमेशा चुपचाप चले जाते थे।

मृत्यु के ग्यारहवें दिन उसका शरीर आ गया था, जिसे मिस्टर हासेगावा ने एक बड़ी राशि उधार लेकर अपने ख़र्चे से भेजा था। इसी के साथ उसके चित्र और उसका सामान भी लौटा जिसमें सबसे ज़्यादा संख्या में चित्र थे और उसके बाद जिस चीज़ की संख्या ज़्यादा थी, वह दवाइयाँ थीं। ग्यारह दवाइयाँ, जिसमें से नौ दवाई 'विषाद' (depression) की थीं। नौ में से पाँच 'गहरे विषाद' (Acute depression) की। मिस्टर हासेगावा को इसके बारे में कुछ पता नहीं था कि वह 'गहरे विषाद' का मरीज था और उन्हें यह भी आश्चर्य हुआ कि डॉक्टर ने जनगण को इसके बावजूद आने की अनुमति कैसे दी। इतने गम्भीर हालात में जनगण उस जगह गया, जो दुनिया में एक ऐसा इलाका है, जहाँ आत्महत्या का प्रतिशत सबसे ज़्यादा है। गाँव का एकान्त, रुकने की लम्बी अवधि, साथी कलाकार की अनुपलब्धता, गहरा विषाद और शहरी लोगों पर अकाट्य अविश्वास— यह सब उसके साथ थे। इन सबके साथ वो रच रहा था अपना अन्तिम चित्र।

भारत में शहरी लोगों का आदिवासियों के प्रति जो व्यवहार है, उसका एक उदाहरण यहाँ रखना बहुत ज़रूरी है। इससे साफ़ पता चलता है कि सिर्फ़ स्वामीनाथन ही थे जिनके साथ इन कलाकारों का सीधा संवाद सिर्फ़ इसलिए हो सका कि स्वामी जी ने वैसा भेद नहीं रखा। वे उनके साथ खाते-पीते थे। उनके घर चले जाया करते थे। उन झोपड़ियों में सो जाया करते थे। उनके बीच उन्हीं की तरह रहा करते थे। भोपाल में विधान भवन बनकर तैयार हो चुका था और उसके वास्तुशास्त्री ने तीन कलाकारों को काम करने के लिए चुना, जिनमें से दो शहरी कलाकार थे और तीसरा जनगण। चार्ल्स कोरिया ने, जो देश के जाने-माने, दुनिया भर में प्रसिद्ध वास्तुशास्त्री थे (भगवान उनकी आत्मा को शान्ति प्रदान करे), दोनों शहरी कलाकारों को पूरी छूट दी कि वे जो चाहे कर सकते हैं। उन्हें इन कलाकारों पर विश्वास था, जिन्हें वे उतना ही जानते थे जितना जनगण को, कि वे जो भी करेंगे, कमाल करेंगे। जनगण, एक आदिवासी, एक अनपढ़, एक गँवार, गाँव में रहने वाला क्या करेगा, इसलिए चार्ल्स कोरिया ने जनगण के कैटलॉग, पुस्तकों में छपे चित्रों को काट-काट कर एक निहायत ही भद्दा और बेढब कोलाज़ बनाया और जनगण को भेज दिया कि इसकी नकल करो। मैं चूँकि विधान भवन की भीतरी साज-सज्जा के लिए जिम्मेदार था और

अन्य कामकाज देख रहा था, उसी बीच जनगण यह कोलाज़ लेकर आया। उसकी आँखों में आँसू भरे थे, भर्राये गले से बोला, 'ये भेजा है और इसकी नकल करने को बोला है। क्या मैं नकल करूँगा? मैं यह नहीं करना चाहता हूँ।' मैंने उसे कहा, मना कर दो तुम्हें यह काम नहीं करना है। उसकी दूसरी दिक़्क़त थी उसने इस काम के लिए अग्रिम धनराशि लेकर अपने घर में ठहरे भाँजों की फ़ौज पर ख़र्च कर दी थी।

ख़ैर! ये सब अलग बात हैं। महत्त्वपूर्ण यह है कि चार्ल्स कोरिया, जो स्वयं एक अच्छे कला संग्राहक और कला पारखी थे, जिन्होंने कई कलाकारों को प्रोत्साहन दिया और उनकी कलाकृतियों को अपनी रचनात्मकता में शामिल किया है। उसी चार्ल्स कोरिया ने अनजाने नहीं, ये जानते हुए कि जनगण विश्वप्रसिद्ध कलाकार है, किन्तु सिर्फ़ इसलिए कि वो आदिवासी है अत: उसे काम करने की स्वतन्त्रता नहीं दी। ये व्यवहार सामाजिक रूप से मान्य है। सभी लोग, बल्कि संवेदनशील कलाकार भी ये दूरी, ये अविश्वास, ये अछूत व्यवहार बनाये रखते हैं। इन आदिवासी कलाकारों के मन में यह भेदभाव निश्चित ही अपनी जगह बनाता है और बरसों में इसने स्थायी जगह बना ली है। इसका बड़ा उदाहरण ये है कि जब किसी आदिवासी से आप बात कर रहे हैं तो पहली बार में वो सुनता ही नहीं। सुनता है, किन्तु उसे दर्ज नहीं होने देता। दर्ज नहीं होता है तो वह समझता नहीं है। उसे अपने पीढ़ियों के अनुभव से यह पता है कि हर शहरी आदमी यदि उससे बात करने के लिए आया है तो उसे लूटने ही आया है। चार्ल्स को ये अन्दाज़ा भी नहीं था कि वो किस व्यक्ति से बात कर रहे हैं। इसीलिये चार्ल्स अपने रचने में वो सब नहीं कर पाये जबकि जनगण की रचनात्मकता में अनेकों रास्ते खुलते हैं। जनगण का सृजन इस तरह की छोटी-मोटी व्याधियों से परे कल्पना की उस ऊँची उड़ान का प्रमाण है, जहाँ अचम्भा पैदा होता है। जनगण हर अर्थ में चार्ल्स कोरिया से ज़्यादा मौलिक, ज़्यादा रचनात्मक और कुछ अधिक ही योगदान देकर गया है। उसमें सिर्फ़ एक कमी थी, वो आदिवासी था।

यही आदिवासी जापान में अपना अन्तिम चित्र अधूरा छोड़ जीवन से मुक्त होता है। अपने घर से दूर, अपने परिजनों से दूर, अपने परिवेश से दूर एक अपरिचित देश में अन्जान संस्कृति में। जापान जनगण तीसरी बार गया था। जाना नहीं चाहता था। उसने दो बार अपने जाने की तारीख़ बदली। तीसरी बार चला गया वापस न आने के लिए। जनगण को भी शायद पता न था कि वो अपनी मृत्यु की ओर जा रहा है। किसी को भी आकस्मिकता का अन्दाज़ा नहीं था। वह वहाँ गया। रहा तीन महीने और ख़ूब काम किया। अन्तिम दो काम किये, जो जनगण के कामों की तरह नहीं हैं। मैं यहाँ जाना चाहता था और उसके अन्तिम चित्र को देखना चाहता था।

मिस्टर हासेगावा ने बहुत ही उदारतापूर्वक, अत्यन्त आत्मीय और निहायत ही जीवन्त शालीनता से आवभगत की। उनके लिए भी यह नया था। वे भी पिछले चौदह सालों से अख़बारों में छेड़े गये भर्त्सनीय और निन्दनीय अभियान

से आहत इस विषय पर किसी से बात नहीं करते थे। उन्होंने जनगण के चित्र सम्भाल कर, अच्छे से बाँधकर रख दिया था। वे तैयार हुए इस विषय पर बात करने के लिए और वो चित्र भी खोलकर दिखलाया। जनगण का अन्तिम चित्र सामने था। बेहद सन्तुलित और सुविचारित, जनगण जैसा करता था, उससे थोड़ा अलग था। इसमें मछलियाँ हैं और वे पानी में हैं। जनगण ने पानी भी चित्रित किया। यह पहली बार किया। जनगण के चित्र, जो अक्सर सफ़ेद पार्श्व में ही होते हैं, उससे अलग यह चित्र था। इसमें अवसाद का लक्षण ढूँढ़ना बेवकूफी ही होगी। जनगण को भी ख़ुद पता नहीं था कि वो क्या करने वाला है। तीन दिन पहले ही चिट्ठी में पत्नी को लिखा कि मेरे बारे में अम्मा से, ठाकुर साहेब से विचार करवाना। मैं इक्कीस तारीख़ को लौट रहा हूँ। चित्र तो जनगण के चित्र की तरह ही है। सात मछलियाँ हैं। कुछ वनस्पति यहाँ-वहाँ धब्बे की तरह और हरे रंग का पानी, जिसमें वे तैर रही हैं। यह हरे रंग का पानी जनगण की चित्रण शैली में बाहर से आया है। यह कुछ यथार्थवादी ढंग है विषय को चित्रित करने का। इसके पहले जो मछलियाँ चित्रित की हैं, उसमें पानी नहीं चित्रित किया कभी। विषय का चित्रण ही जनगण की विशेषता रही। ये सात मछलियाँ जनगण की चिर-परिचित 'क़लम' में चित्रित की जा रही थीं। उनका अलंकरण भी चल रहा था। इस अधूरे चित्र में भी पूरापन है। बस आँख में खटकती हैं मछलियों की आँखें जिन्हें चित्रित किया जाना बाक़ी था। काम तो बहुत-सा बाक़ी है और 'जनगण शायद एक हफ़्ते और रुकता' तो यह चित्र पूरा होता और आज जनगण भी हमारे बीच होता। किन्तु ऐसा नहीं होना था। व्यथित, भरमाया और गहरे विषाद से ग्रस्त उस एकान्त में, उन पहाड़ों के बीच, उस अकेले गाँव में अकेला था और अकेलेपन में उसका मन विचलित और भ्रमित अनेकों कल्पनाओं से भर चुका होगा, जो उसकी प्रखर कल्पनाशक्ति से लगातार उत्तेजित और संचारित हो रहा होगा। फिर भी मैं कोई कारण नहीं बता सकता कि क्यों ऐसा किया? उस दिन जनगण दस बजे तक चित्रित कर रहा था, फिर खाना खाने अपने घर गया तो लौटा नहीं। मिस्टर हासेगावा ने शाम पाँच बजे के क़रीब किसी को भेजा कि देखो जनगण अभी तक लौटा नहीं, उसे बुला लाओ। और जो बुलाने गया वो अब अकेला सोना भूल चुका है। उसे पहले तो कई हफ़्तों नींद नहीं आई। अब आती है तो किसी के साथ। इस अधूरे छूटे चित्र में ये मछलियाँ अंधी हैं। आँखें ख़ाली हैं। यह संयोग है कि बस्तर की कुटुम्बसर नामक एक जगह, जहाँ पहाड़ों की चट्टानों के बीच बनी दरारों में से नीचे उतरना शुरू करते हैं तो क़रीब तीन सौ मीटर तक नीचे उतरते जाते हैं। नीचे जाकर बहुत बड़ी-बड़ी जगह है, खुली है और बीच दरारों की झिर्री से निकलता पानी का जमा छोटा-सा पोखर भी है। जब पोखर बन ही गया है तो उसमें मछलियाँ भी हैं। यहाँ सूरज की रोशनी नहीं पहुँचती है, बल्कि कभी नहीं पहुँची है। यहाँ ये मछलियाँ अंधी हैं, इनकी आँखें नहीं हैं, जिसकी उन्हें ज़रूरत नहीं है, क्योंकि कोई रोशनी नहीं है। ये मछलियाँ बिना देखे मर जाती हैं, जबकि बाहर की मछलियाँ, जो सूरज की

रोशनी में हैं, कभी सोती नहीं, उनकी आँखें बंद नहीं होतीं। जनगण ने अन्तिम चित्र के पहले का चित्र भी मछलियों का ही बनाया और वे आँखों वाली मछलियाँ हैं और हाँ, जनगण ने इन मछलियों के होठों पर लिपस्टिक भी लगाई है। सुर्ख लाल रंग की लिपस्टिक।

अपना आख़िरी चित्र, जो वह पूरा किये बग़ैर चला गया, कई मायनों में पूरा ही है। सिर्फ़ अलंकरण बाक़ी है। मछलियों की आँखें और होंठ चित्रित करना बाक़ी है। पानी में तैरती वनस्पति बाक़ी है, शायद वे छोटे जीव भी हो सकते हैं। ये मछलियाँ मसवासी देव के जाल और शिकार से बाहर हैं। जनगण पहली बार कुछ ऐसा चित्रित कर रहा है, जो उसके परधान समुदाय की स्मृति का अंश नहीं है। यह एक यथार्थवादी चित्रण है, जो परधानों की परम्परा में शहरी दरार है। न जाने क्यों जनगण इस विषय पर पहुँचा। क्या जनगण अपनी पारम्परिक सोच से बाहर इन मछलियों तक पहुँचा, जो लिपस्टिक लगाये हैं? जनगण के पास विषय चुक गये थे? वह क्यों आकर्षित हुआ इस तरह के ग़ैर पारम्परिक विषय की ओर? क्या जनगण अब अपना आदिवासी होना भूल रहा था या शहरी सभ्यता का आतंक उसके सर पर चढ़कर बोलने लगा था? घर में अनेक भांजों को पालना उसकी सामुदायिक मजबूरी थी। वह इस बोझ को उठाने भोपाल नहीं आया था और न ही जापान। एक मजबूरी में वह इसका निर्वाह भी कर रहा था और अपने गहरे विषाद में गहराई भी। इससे बचने का एक रास्ता उसे नज़र आ रहा था और वो अक्सर अपनी पत्नी से कहता रहता था, 'अब वापस गाँव चलें'। जहाँ वो वापस जा न सका।

उसके लिए चित्र बनाना और उसमें रहना ही जीवन था। जनगण के लिये बीस लोगों का पालना, जो युवा और बेरोजगार हैं, मुश्किल काम था। वह अपने लिए नहीं गया था, वह इन लोगों के भोजन प्रबन्ध के लिए कुछ धन कमाने, जुटाने जापान गया था, वह अपने साथ बहुत से चित्र लेकर गया था जिसे मिस्टर हासेगावा ख़रीद लेते और उसे कुछ अतिरिक्त धन भी मिल जाता। वह जाना नहीं चाहता था। उसके पास छुट्टियाँ नहीं थीं। उसने भारत भवन में छुट्टी की अर्जी नहीं दी थी। वह बिना बताये जापान गया और बिना बताये इस दुनिया से गया।

वह अपने संसार में खुश था, जहाँ उसकी बीबी, तीन बच्चे और चित्र थे। वह 'उसके संसार में' अवसाद में था, विषाद में था जहाँ बहुत से लोगों को पालना, नौकरी करना, छुट्टी लेना, यात्रा करना, ठगा जाना, अपमानित होना और अविश्वास से देखा जाना बहुतायत से था।

वह ख़ुश रहा होगा, जब यह संसार छोड़ रहा होगा।

15 दिसम्बर, 2015

भूरीबाई : रूपकथा की आत्मकथा

यह अनहोनी ही है। एक आदिवासी कलाकार ने अपनी आत्मकथा लिखी। मनुष्य के आत्मकथा लिखने के पीछे क्या मकसद हो सकता है, इस सन्दर्भ में यदि देखें, तो 'आत्मकथा' की शुरुआत चौथी शताब्दी से होती है, जहाँ एक चर्च के पादरी ने अपना गुनाह कुबूल करने के लिए आत्मकथा लिखी। ये पादरी थे— आग्स्टीन। उन्होंने चालीस वर्ष की उम्र में अपनी आत्मकथा, जो एक (Confession) के रूप में लिखी, जिसमें उन्होंने पूरी आत्मग्लानि के साथ यह कुबूल किया कि ईसाई धर्म अपनाने के बाद उन्हें यह साहस मिल सका कि वो अभी तक के जीवन में किये गये, कर्मों को धिक्कारते हैं। तेरह खण्डों में लिखी गयी इस पहली उपलब्ध आत्मकथा से शुरुआत होती है अपने जीवन के बारे में लिखने की और एक लम्बे समय तक आत्मकथाएँ इसी से प्रभावित होकर लिखी जाती रहीं। उसके बाद ग्यारहवीं शताब्दी में अब्दुल्लाह इब्न बुलुजिन और पन्द्रहवी शताब्दी में जहीरुद्दीन मोहम्मद बाबर की 'बाबरनामा' उल्लेखनीय है। इन आत्मकथाओं में अब उस वक़्त के महत्त्वपूर्ण लोगों का अपने जीवन में रुचि

लेने लगना और यह मानना भी शामिल हो गया कि दूसरे उनके जीवन से प्रेरणा लेंगे। आत्मकथाओं के इस तरह के आत्म-केन्द्रित भ्रमजाल में बहुत से लोग फँस सकते हैं और अनेक प्रसिद्ध लोगों ने इसे लगभग नज़रअन्दाज़ भी किया। पॉल क्ले और स्वामीनाथन ने आत्मकथा न लिख सिर्फ़ ऑटो-बायो-नोट भर लिखा है, जिसमें कुछ ही पन्नों में समग्र समा गया। ये वो लोग थे, जो चाहते तो लिख सकते थे। फिर यह अनहोनी। भूरीबाई ने अपनी आत्मकथा चित्रित की। यहाँ यह दिलचस्प है कि एक आदिवासी समझ, जो समय की ऐतिहासिकता से, समय की एकरेखीय धारणा से सर्वथा मुक्त है, अपनी आत्मकथा लिख रहा है। भूरीबाई ने इसे दो स्तरों पर किया है। पहली बार उन्होंने जनजातीय संग्रहालय की एक दीवार पर और बाद में लगभग बावन चित्रों की शृंखला में। 'आदि अनादि' नाम की यह प्रदर्शनी रूपंकर, भारत भवन में चल रही है। क्या ये चित्र उन्हीं अर्थों में आत्मग्लानि से उपजे हैं? क्या ये चित्र भूरीबाई का (Confession) है? क्या एक आदिवासी दिमाग़ जो कि 'भील' है, इस तरह की 'दोष-स्वीकृति' के लिए मन से तैयार होगा? क्या ये भूरीबाई का समर्पण है ईश्वर के समक्ष? यह सब विचारणीय है।

जब हम भूरीबाई से मिलते हैं और बात करते हैं तो यह सब नहीं पाते हैं। वे बेहद संकोची, किन्तु स्वतन्त्र व्यक्तित्व की मालकिन हैं। उनमें भील जनजातीय ठसक भरपूर है। वे जब बात करती हैं तब आत्म-सम्मान की आभा की चमक उसमें झिलमिलाती रहती हैं। उन्हें इस बात का इल्म नहीं है कि कोई ऐतिहासिक समय होता है, किन्तु 'भगोरिया' अब वैसे नहीं मनाया जाता, जैसे उन्होंने मनाया था, इसका दुख ज़रूर बयान करती हैं। वे आत्मग्लानि में नहीं रहती हैं और उन्हें जीवन में किसी बात का खेद नहीं हैं। वे नहीं सोचतीं कि ये हुआ होता या ये किया होता तो ज़्यादा बेहतर होता। उन्होंने अपनी आत्मकथा कुछ सोचकर नहीं चित्रित की और इस तरह दुनिया में पहली आत्मकथा चित्रित हुई, जो आत्मग्लानि से नहीं संचारित है, जो दोष-स्वीकृति नहीं है, जो समर्पण नहीं है, जो इस भाव से नहीं चित्रित की कि कल कोई मेरे जीवन से प्रेरणा ले सके और उसमें कोई उम्मीद हो। भूरीबाई ने इसे महज़ अपनी चित्रित करने की इच्छा, सृजनशीलता और कल्पना से चित्रित किया है। इन बावन चित्रों में हम देख सकते हैं कि ये समय के वो बावन पल हैं, जो भूरीबाई के मन-मस्तिष्क में जा बसे। शायद और भी होंगे। कई होंगे, किन्तु उन्होंने सिर्फ़ बावन चुने। ये चित्र भूरीबाई के सृजनात्मक कौशल और बौद्धिक कल्पनाशीलता का प्रमाण है। भूरीबाई शुरू से ही ईश्वर प्रदत्त इस प्रतिभा से परिचित थीं। उन्हें पता था और वे बचपन में माँ के साथ कई तरह के चित्रों की रचना में शामिल हुआ करती थीं।

भूरीबाई अब एक प्रख्यात चित्रकार हैं और शायद भीलों में उनके पहले किसी महिला चित्रकार ने इतनी ख्याति

नहीं पायी। भीलों में यूँ भी पिठौरा आनुष्ठानिक चित्र बनाने वाले पुरुष ही होते हैं। पेमा फत्या इस वक़्त के सबसे प्रमुख 'लिखेन्द्रा' हैं। याने चित्र लिखने वाला। भूरीबाई के साथ ऐसा क्या हुआ जो उन्हें आज इस मुकाम पर ले आया, इसकी पड़ताल करने पर एक घटना जो अब किस्सा हो गयी है, बतलाना ज़रूरी है। भारत भवन बन रहा था तत्कालीन प्रधानमन्त्री ने तेरह फ़रवरी की तारीख़ उद्घाटन के लिए मुकर्रर कर दी थी और निर्माण का काम जो अब तक सरकारी सुस्ती से चल रहा था, उसमें व्यावसायिक तेजी आ गयी। अनेक इंजीनियर, नेता, अफ़सर, सभी जायजा लेने के लिए आने लगे। काम को तेजी से बढ़ाने के लिए सभी स्तर पर कारीगर, मजदूर, इंजीनियर, ठेकेदार आदि की बढ़ोतरी की जाने लगी। इन्हीं में झाबुआ से आये मजदूरों से कहा गया अपने और साथियों को बुला लेने के लिए। और वहाँ पहले से काम कर रहे मजदूरों में भूरी की बड़ी बहन ने भूरी को भी काम पर लगा लिया। एक नवयुवती अपने सर पर बोझा लाने-ले जाने का काम करने लगी। तराशे पत्थरों को लाना, तगारी में सीमेंट, रेती भर कर लाना और मज़दूरी के छोटे-मोटे काम करते हुए भूरी के दिन गुज़रने लगे। उसे दिन भर की मज़दूरी के लिए रोज़ाना छः रुपये मिलते थे।

इसी बीच रूपंकर संग्रहालय के लिए आदिवासी इलाकों से भेजे गये युवा छात्रों के दल लौटने लगे। भारत भवन की आदिवासी कला दीर्घा के बन चुके हिस्सों में ये कलाकृतियाँ रखी जाने लगीं। बस्तर, मण्डला, बैतूल, झाबुआ, रायपुर, बिलासपुर, रायगढ़ आदि अनेक जगहों से लौटे दल अपने साथ अनूठा अजूबा बटोर लाये थे और यह सब उन जगहों पर सुरक्षित रखा जा रहा था, जहाँ किसी तरह का निर्माण न चल रहा हो। इन्हीं कलाकृतियों में झाबुआ ज़िले से आई कलाकृतियों को देखने भूरी कभी किसी एक दोपहर रुक गई। उसे इन कलाकृतियों को अनजाने परिवेश में देख अच्छा भी लग रहा था और कुछ अजीब भी। स्वामीनाथन, जो रूपंकर के निदेशक के रूप में इस संग्रह अभियान को अपनी देखरेख और कल्पना से चला रहे थे, ने देखा कि एक आदिवासी नवयुवती इन कलाकृतियों को बड़े ध्यान से देख रही है। उन्होंने उससे पूछा कि क्या देख रही हो?

भूरी : ये मेरे गाँव की हैं।

स्वामी : तुम भी करती हो?

भूरी : नहीं।

स्वामी : यदि करना चाहो तो रंग और काग़ज़ हम देंगे।

भूरी : तो मैं कमाऊँगी क्या? यदि काम नहीं करूँगी।

स्वामी : कितना कमाती हो?

भूरी : छः रुपया रोज।

स्वामी : हम दस रुपये रोज देंगे। तुम हमारे लिए कुछ चित्र बनाओगी।

भूरी : नहीं।

स्वामी : क्यों?

भूरी : हम सिर्फ़ छः रुपया लेंगे। दस नहीं।

उसके बाद सब कुछ बदल गया। भूरीबाई ने जो रेखांकन किये, वो रूपंकर, आदिवासी कला संग्रह की अद्वितीय सम्पदा है। सरल, सहज अभिव्यक्ति जिसमें एक युवती के मन की कल्पनाओं का संसार जीवित हो उठा। भीलों का संसार, जो अब तक किसी 'लिखेन्द्रा' ने नहीं लिखा था। यह उस भीली जगत की सुदृढ़, सुगठित उपस्थिति थी, जो इस नवयुवती की साँसों से महक उठी थी। काले, सफ़ेद रंग से ब्राउन बिटुमिन पेपर पर भूरी का 'कल्पना लोक' उड़ान ले रहा था। इन रेखांकनों का स्वामी जी पर इतना प्रभाव पड़ा कि इन्दिरा गांधी से भूरीबाई को मिलवाया गया। भूरीबाई अपनी वेशभूषा में इन्दिरा जी से इत्मीनान से मिली।

उसके बाद भूरी यहीं, भोपाल में बस गई। भगोरिया और अन्य त्यौहार, शादी-ब्याह के मौकों पर ही झाबुआ जाना होता। इतने बरसों में भूरीबाई का सम्बन्ध शहरी दुनिया से और प्रगाढ़ हुआ। भूरीबाई के काम करने के तौर-तरीक़े बदले। सामग्री बदली। देश-विदेश की यात्राएँ की, ढेरों मान-सम्मान मिले, किन्तु कथ्य न बदला। वही मुस्तैदी, वही कल्पनाशीलता और उसी अनघड़ परिष्कार में कलाकृतियाँ रचते-बसते भूरी अब भूरीबाई हो चुकी थी। अपने बच्चों को पालती-पढ़ाती अपनी गृहस्थी को शान से चलाती-सम्भालती भूरीबाई ने किसी एक दिन यह तय किया कि वो अपनी जीवनी को चित्रित करेगी।

भूरीबाई भील जनजाति की है। भील पश्चिमी मध्यप्रदेश के एक बड़े हिस्से में रहते हैं। इनका रहन-सहन बहुत ही आकर्षक है और मध्यप्रदेश में पाये जाने वाले आदिवासी समुदायों में भील अकेली जनजाति है जो हिंसक, बेरहम है। भीलों की उत्पत्ति के विषय में रोचक जानकारी मिलती है, जो इस प्रकार है :

'भील' नाम द्रविड़ भाषा-परिवार के अन्तर्गत कन्नड़ के 'बील' शब्द से आया है, जिसका अर्थ 'धनुष' है। आदिम विश्वासों के साथ जीने वाली इस सरल स्वभाव जाति के लोग धनुष चलाने में सिद्धहस्त होते हैं। इनका नाम इनके गुण से मेल खाता है। इन्हें वन-पुत्र भी कहा जाता है। एक दन्तकथा के अनुसार 'महादेव' किसी शरीर व्याधि के कारण घने जंगल, पहाड़ी क्षेत्र में घूम रहे थे। वहाँ उन्होंने किसी जंगली जाति की अपूर्व सुन्दरी को देखा।

वे उस पर मोहित हो गये और उनकी शरीर व्याधि भी दूर हो गई। उन्होंने उस सुन्दरी से ब्याह रचाया। कालान्तर में इनकी कई संतानें हुईं, उनमें से एक बालक कुरूप था। इस बालक ने एक दिन शंकर के नाँदिया का वध कर दिया। महादेव ने क्रोधित होकर उसे वन-प्रान्तर में छुड़वा दिया। वह जंगल में रहने लगा और उसके वंशज 'भील' कहलाये।

इन्हीं भीलों में से एक भूरीबाई ने तय किया कि वह अपनी आत्मकथा चित्रित करेगी। इस काम को अंजाम देने में हरचन्दन सिंह भट्टी का महत्त्वपूर्ण योगदान है, जिसने भूरीबाई को वो समय, अवकाश और ज़रूरी संसाधन मुहैय्या करवाया, जो उन दिनों इस समय के सबसे अविश्वनीय और अनूठे संग्रहालय की रचना, कल्पना और व्यावहारिकता में गहरी आस्था और दुर्लभ रचनात्मकता से लगे हुए थे। भूरीबाई ने इस अद्वितीय 'आत्मकथा' को जनजातीय संग्रहालय की दीवार पर लिखा। भीलों में पहली बार और सम्भवतः दुनिया भर के आदिवासियों में पहली बार किसी आदिवासी ने अपनी आत्मकथा लिखी।

इस आत्मकथा का विस्तार भी होना ही था। बाद में भूरीबाई ने पचास चित्रों की शृंखला बनायी। यहाँ मैं इन्हीं चित्रों के बारे में बात करूँगा। जनजातीय संग्रहालय की दीवार पर लिखी आत्मकथा में एक दिलचस्प चित्रकारीय भूल भी है, जिसका ज़िक्र वहीं करूँगा। गाँव के वातावरण से शुरू होती है यह कथा, जहाँ भूरीबाई ने जन्म लिया है और उनके माता-पिता अपनी खेती-किसानी से जीवन-यापन कर रहे हैं। यहीं भूरी अपने माता-पिता के साथ खेत में काम कर रही है। अपनी बहन के साथ काम कर रही है। जंगल से लकड़ियाँ बीन कर ला रही है। गट्ठर लेकर ट्रेन में बैठकर जा रही है। यह रेलगाड़ी भी अपनी तरह की अकेली है, जिसमें इंजन में कोयला भी झोंका जा रहा है। यह एक चित्रात्मक रेलगाड़ी है, जो चित्रित अवकाश में एक सुकून की यात्रा कर रही है। इसी रेल की छत पर भगोरिया उत्सव की शुरुआत हो चुकी है, जहाँ एक भील ढोल लिये खड़ा है। भूरीबाई इसी भगोरिया में अपने लिए दूल्हा ढूँढ़ती है और ब्याह करती है।

इसी जगह उन्हें स्वामीनाथन मिलते हैं और चित्रकारीय भूल में भूरीबाई ने उन्हें अपने चिर-परिचित परिधान लुंगी और कुरता पहने तो चित्रित किया है, किन्तु उनकी दाढ़ी बनाना भूल गयी। स्वामीनाथन उसे प्रेरित कर रहे हैं चित्र बनाने को और वो मन्दिर के बाहर बैठ चित्र बना रही हैं, फिर अगले दृश्य में इन्दिरा गांधी से मिल रही हैं, जिसमें इन्दिरा गांधी के साथ उनका बन्दूकधारी भी है। अशोक वाजपेयी हैं, जिन्होंने इन्दिरा गांधी को कोई काग़ज़ देने को बोला था, जिस काग़ज़ को वो देना भूल गयीं। और उसमें अनेक घटनाएँ हैं जिसका अन्त एक हवाई जहाज़ में बैठकर अमरीका जाने से होता है। यहीं पर शिखर सम्मान, अहिल्या सम्मान, दुर्गावती सम्मान के प्रतीक भी

हैं, जो अब तक भूरीबाई को मिल चुके हैं।

भूरीबाई भील जनजाति में पहली महिला चित्रकार हैं, जिन्हें इतना यश और मान-सम्मान मिला। भूरीबाई ने एक नयी पहल की। अब अनेकों युवा स्त्री मज़दूरी नहीं करतीं, वे चित्र बनाकर अपना जीवन-यापन करती हैं। भूरीबाई के पहले यह सम्भव नहीं था, बल्कि भीलों में पिठौरा जैसा आनुष्ठानिक चित्र परम्परा में मौजूद ही था जिसे पुरुष बनाते हैं और विरासत में किसी पुरुष को चुनते हैं। भीलों में बहुत थोड़े-से इलाकों में कुछ-कुछ या कहीं-कहीं और कभी-कभार ही कोई स्त्री साज-सज्जा के स्तर पर चित्र बनाती हो, तो उसका भी कोई अता-पता नहीं है। भीली संसार का चित्रकारीय सम्बन्ध सिर्फ़ पिठौरा और पुरुषों से रहा है। पहली बार किसी स्त्री ने भील चित्रात्मकता को गहरी कल्पना और विलक्षण प्रतिभा के साथ उजागर किया। भूरीबाई सिद्धहस्त कलाकार हैं। वे चित्रावकाश में अपनी कल्पना से कुछ इस तरह दृश्य रचती हैं कि देखने वाला अचम्भित रह जाता है। उनके पास ध्यान और धैर्य तो है ही, साथ ही वे कुछ इस तरह रूपाकारों को बनाती हैं कि आधुनिक, उत्तर-आधुनिक होने के साथ-साथ समकालीनता को भी समेट लेते हैं। भूरीबाई के चित्रों में यह सब एक साथ मौजूद रहता है। वे अपने कथ्य में बहुत ही सादे और सीधे रूपाकारों का प्रयोग करती हैं। वृक्ष, जानवर, पेड़-पौधे, मनुष्य और क्रियाकलाप आदि सभी कुछ साफ़-साफ़ और एक सपाट रंग प्रयोग के साथ सामने हैं, जिस पर बाद में बिन्दियों से अलंकरण हैं। भूरीबाई के पहले के चित्रों में रेखाओं का स्पष्ट और प्रभावशाली उपयोग दिखाई देता है। एक लम्बे समय तक भूरीबाई के चित्रों में सिर्फ़ रेखाएँ ही प्रमुख हुआ करती थीं। उसी से सारा जगत बन-बिगड़ रहा है। ये अलंकरण में इस्तेमाल की जा रही बिन्दिया जनगण के चित्रों से निकल भीली, मूड़िया, माड़िया, कोरकू और ख़ुद गोंड चित्रकारों तक जा पहुँची। सभी ने उसे अपनी तरह बरता। भूरीबाई बिन्दियों का उपयोग अलंकारिक दोहराव की तरह करती हैं। इन बिन्दियों का प्रयोग पिठौरा में भी दिखाई देता है। पिठौरा बना लेने के बाद जब भोपा व गाँव के बड़े-बुजुर्ग आकर पिठौरा देखते हैं और पाते हैं कि उसमें अभी भी कई देवी-देवताओं को नहीं बताया गया है, तब वे एक-एक कर चित्रकार—'लिखेन्द्रा'— को डाँटते हैं कि तू इसको भूल गया है। वह माफ़ी माँगते हुए उस देवी या देवता के नाम की बिन्दी लगा देता है। इस तरह धीरे-धीरे पिठौरा कई रंग-बिरंगी बिन्दियों से भर जाता है। भूरीबाई इस तरह बिन्दियों का उपयोग नहीं करती। वे चित्रावकाश में बिन्दियाँ नहीं रखतीं। वे रूपाकार में बिन्दियाँ बनाती हैं। वे बिखरी हुई बिन्दिया भी नहीं लगातीं। वे बस बिन्दियों को एक के बाद एक चित्रित रूपाकार में छींट की तरह पहने हुए कपड़े की तरह लगाती हैं। इन बिन्दियों में उनके कथ्य में कोई फ़र्क़ पैदा नहीं होता। वह तो पहले ही सशक्त और सीधा है। बिन्दिया सिर्फ़ एक तरह का अलंकरण प्रस्तुत करते हैं।

भूरीबाई के मन में अपनी आत्मकथा चित्रित करने का विचार आया होगा, ये सोचना भी ग़लत होगा। भूरीबाई ने इसके पहले भी अपने को चित्रों में कभी-कभी रखा है। वे किसी समय समझ के लिए इन चित्रों की रचना नहीं करतीं। वह अपने को विषय के रूप में देखती हैं। इन अलग-अलग परिस्थितियों में वे एक छोटी लड़की से जीवन के इतने उतार-चढ़ाव में ख़ुद को लगातार कठिन परिस्थितियों में पाती रहीं और उनसे निकलती रहीं। अपने समय की अनूठी चित्रकार भूरीबाई के लिए चित्र समय सापेक्ष नहीं हैं। वे दर्शाते हैं उन जगहों को जो भूरीबाई ने कभी देखी थीं, जहाँ वे कभी रहीं, कभी कुछ काम किया, यह सब अनुभव की तरह भूरीबाई के मन में अंकित है। इसमें अवकाश है। इसमें अनुभव है। इसमें वो सब है जो समय में नहीं है। इन चित्रों को रचना भूरीबाई के मन की इच्छा का रूप है। इसमें आत्मग्लानि, दोष-स्वीकृति नहीं है। यहाँ भरा-पूरा जीवन है जिसे भूरीबाई ने ठाट से, सम्मान से, पूरी शिद्दत से जिया है। भूरीबाई के चित्रों में यही ठाट बसा हुआ है। इसी ठाट का अलंकरण है। इसी सम्मान का सम्मोहन है। यह आत्मकथा हमें बतलाती है कि एक नये ढंग से भी जीवन को देखा जा सकता है, जिसमें समय बीता हुआ नहीं, बल्कि अभी घट रहा है, जब हम उसे देख रहे हैं। वह आपका अनुभव बनता जाता है। वह दर्शक को आत्मकथा के खोल से बाहर लाकर रूपकथा में ले जाता है।

24 फ़रवरी, 2016

बेन्द्रे का सौवाँ जन्मदिन

बेन्द्रे का सौवाँ जन्मदिन

इक्कीस अगस्त की सर्द सुबह मैं वायदानुसार हुसेन साहेब के मकान का दरवाज़ा खटखटा रहा था। राशिदा जी ने दरवाज़ा खोला। मुस्कराते हुए मुझे अन्दर आने की जगह दी और वे रसोईघर में चली गईं। हुसेन साहब ने आवाज़ देकर चाय बनाने को कहा और मैंने उन्हें याद दिलाया कि आज उनके गुरु की सौंवीं जन्मतिथि है। वे उछल पड़े। उनके चेहरे पर ख़ुशी देखने लायक थी। वे उठे और भीतर जाकर एक बड़ी-सी पुस्तक उठा लाये और उन्होंने मुझे देते हुए कहा यह आपके लिए। गुरु जन्मदिवस पर छोटी-सी भेंट।

यह पुस्तक हुसेन की कविताओं की थी। पुस्तक देखकर मैंने उन्हें लौटा दी। हस्ताक्षर करने के लिए। हुसेन उस पर हस्ताक्षर करने लगे।

बेन्द्रे उनके गुरु नहीं थे। उनके गुरु हैं दतात्रेय दामोदर देवलालीकर। किन्तु हुसेन बेन्द्रे को अपना गुरु मानते हैं। बेन्द्रे उन दिनों दृश्य चित्रण के लिए इन्दौर की गलियों में भटका करते थे। इसी भटकन के दौरान एक दिन उन्होंने

हुसेन को काम करते हुए देखा। हुसेन के काम में उन्हें चमक दिखलायी दी। बेन्द्रे ने उनसे कला विद्यालय में भर्ती होने के लिए कहा, जिस पर शर्मीले हुसेन ने अपनी असमर्थता जाहिर की। बातचीत में बेन्द्रे को पता चला, हुसेन के पिता चाहते हैं कि वे फ़ोटोग्राफ़ी सीखें, ताकि चार पैसे कमा सके, घर की जिम्मेदारी उठा सके। बेन्द्रे फ़िदा हुसेन से मिलते हैं और उन्हें बताते हैं न सिर्फ़ बताते हैं बल्कि मना लेते हैं कि हुसेन का चित्रकला महाविद्यालय में प्रवेश हो सके।

यह घटना 1930 की है, जब हुसेन पन्द्रह साल के हैं और ख़ुद बेन्द्रे बीस वर्ष के युवा नौजवान। बेन्द्रे हमारी संस्था, इन्दौर स्कूल के पहली बैच के विद्यार्थी रहे। इस युवावस्था में ही बेन्द्रे की पारखी नज़र का परिचय उपर्युक्त घटना से होता है। बेन्द्रे के साथ पहली बैच के सिर्फ़ डी.जे. जोशी ही आगे चित्रकार की तरह काम करते नज़र आते हैं। बेन्द्रे की कुशलता, लगन और प्रतिभा ने आरम्भिक दिनों की कठिनाइयों को आड़े नहीं आने दिया।

बेन्द्रे सम्भवत: पहले भारतीय चित्रकार थे, जिन्होंने समकालीनता का महत्त्व समझा और उसके सम्पर्क सूत्र बने। वे पहले चित्रकार थे, जिन्होंने देशभर के कला-केन्द्रों में रहकर काम किया और अपने समकालीनों से सम्बन्ध बनाये। इसी दौरान उन्हें इस देश का वैविध्य भी नज़र आया होगा और वैचारिक, सांस्कृतिक भिन्नता भी। बेन्द्रे इन सबको आत्मसात् करते हुए क्रमश: आत्मकेन्द्रित होते गये। अपने जीवन के उत्तरार्द्ध में वे लगभग एकान्तिक हो गये थे, जहाँ उनकी जिज्ञासा का छोर रंगों के विविध छापों पर जा छिपा। युवा बेन्द्रे की रचनात्मक जिज्ञासा उन्हें युवा चित्रकारों के स्टूडियो तक खींच ले जाती थी। वे देश के किसी भी कोने में हों, उन्हें युवा चित्रकारों से बात करने या उनके चित्रों पर बहस करते देखा जाता रहा। सम्भावनाशील, प्रतिभाशाली कलाकारों के विचारों को प्रोत्साहित करना, उनसे कला क्षेत्र की सम्भावनाओं पर बात करना, उन्हें प्रेरित करना— यह सब बेन्द्रे सहज ही करते रहे।

''1934 में उन्हें बाम्बे आर्ट सोसायटी का सिल्वर मेडल ('Vagabond') नामक चित्र पर मिला था। इस चित्र के लिए उन्होंने अपने छोटे भाई को मॉडल बनाया था।'' हुसेन बात करते जा रहे थे, साथ ही रेखांकन की। उनकी स्मृति साफ़ है। वे दिन याद हैं जब यह चित्र देखा था। वे चित्र के बारे में विस्तार से बतला रहे थे। चित्र में जिप्सी की तरह एक लड़का है— कुछ-कुछ पठानी वेशभूषा में। सर पर नीले रंग का कपड़ा लपेटे, जिस पर लाल रंग की बिन्दियाँ हैं। पीला, लाल और फ्रेंच अल्ट्रामेरिन/French Ultramarine रंगों का ख़ूबसूरत संयोजन है। ''बेन्द्रे के इस चित्र के साथ किसी चित्र को नहीं रखा जा सकता।'' वे चौंतिस की दुनिया में चले गए और उन स्मृतियों को खोज लाए, जो अब सन्दर्भ बन चुकी हैं।

बेन्द्रे की उपलब्धियाँ यहीं से शुरू होती हैं, जब वे 'वेगाबान्ड' चित्र पर पुरस्कृत होते हैं और इसके साथ सम्मिलित दूसरे चित्र पर भी पुरस्कार मिलता है। दोनों ही चित्र ख़रीद लिए जाते हैं। इतना ही नहीं इसके बाद अगले नौ साल तक लगातार बाम्बे आर्ट सोसायटी का सिल्वर मेडल मिलता रहा। उन्हें बनारस के दृश्य-चित्रों पर गोल्ड मेडल 1941 में जाकर मिलता है। बेन्द्रे ने काम की उत्कृष्टता से सबका ध्यान अपनी तरफ़ आकृष्ट किया। उसकी नयी चमक, नया विचार, खुलापन और व्यक्तिगत हस्तक्षेप सभी को आकर्षित कर रहा था। बेन्द्रे के पूर्ववर्ती कलाकारों में अधिकांश अंग्रेज़ों द्वारा रेखांकित भारतीयता का चित्रण कर रहे थे और उनमें कोई अलग था, तो वे अमृता शेरगिल थीं, जिसका पूरा प्रभाव बेन्द्रे पर पड़ा। बेन्द्रे जब दृश्य-चित्रण से आकृति-चित्रण पर आते हैं, तब यह प्रभाव स्पष्ट नज़र आता है और यह अन्त तक बना रहता है। बल्कि बेन्द्रे अमृता की आकृत्तियों को अपनी उन ऊँचाइयों तक ले आते हैं जहाँ उसमें कुछ आभास, कुछ अमूर्तता और थोड़ी-सी अमृता दिख पड़ती है।

यहाँ हमें यह नहीं भूलना चाहिए कि बेन्द्रे आज़ाद भारत के पहले सक्रिय चित्रकार हैं, जिनका सम्बन्ध काश्मीर से कन्याकुमारी और बम्बई से कलकत्ता तक के उन सभी कलाकारों से जीवन्त रहा, जो अपनी स्थानीयता से सराबोर थे। बेन्द्रे इन सबके साथ थे, सबके बीच थे। बेन्द्रे को शान्तिनिकेतन में कलाकार के रूप में पैंतीस वर्ष की उम्र में आमन्त्रित किया गया था, जो कि एक उदाहरण ही है— जिसका कारण उनकी राष्ट्रीय सक्रियता ही रही होगी। इसी उम्र में वे 'गवालिया टैंक' बम्बई के कांग्रेस अधिवेशन के लिए अपना प्रसिद्ध चित्र 'भारत छोड़ो' भी चित्रित करते हैं और यहीं बेन्द्रे को प्रिंस ऑफ़ वेल्स म्यूज़ियम में प्रदर्शनी लगाने का निमन्त्रण भी मिलता है, जो कि चित्रकारों के लिए दुर्लभ अवसर हुआ करता था, इस प्रदर्शनी में उनके पैंतीस चित्र बिक जाते हैं। यह एक युवा चित्रकार के लिए उसकी कला की पहचान व उसकी कम उम्र प्रसिद्धि के लिए बहुत था। बेन्द्रे इस यश से लक्ष्यहीन नहीं होते हैं। कम उम्र में ही राष्ट्रीय ख्याति प्राप्त कर चुके बेन्द्रे की कला का सीधा सम्बन्ध उनके दर्शकों और कला विशेषज्ञों से बन चुका था।

देवलालीकर के शिष्यों के काम की विशेषताओं पर हम ध्यान दें, तब उनके चित्रों को बाँधने वाला एक सूत्र दिखाई देता है। बेन्द्रे, पी.ए. गावड़े, सोलेगाँवकर, मनोहर जोशी, डी.जे. जोशी से लेकर रामनारायण दुबे, चन्द्रेश सक्सेना तक के चित्रों में कुछ समान बातें हैं। ये सभी चित्रकार देवलालीकर की तरह अपारदर्शी जलरंगों का अभूतपूर्व प्रयोग करते हैं। बेन्द्रे और डी.जे. जोशी में यह बात साफ़ दिखलाई देती है कि इन चित्रकारों पर प्रभाववाद/इम्प्रेशनिज़्म (Impressionizm) का गहरा प्रभाव है। वे सभी अंग्रेज़ों द्वारा थोपी जा रही भारतीय कला की समझ के इतर अपना सम्बन्ध प्रकृति और परिवेश से बना रहे थे। इन चित्रकारों का उत्साह, कर्मठता और नये से जूझने का जोश उन्हें

जोख़िम उठाने में मदद करता है। ये सभी धुन के पक्के और रागदारी में अनूठे थे। सब एक दूसरे से भिन्न चित्र समझ रखते हुए अपनी भिन्नता में एक थे।

देवलालीकर के सम्बन्ध अपने शिष्यों के साथ सीधे, तीखे और स्नेह भरे होते थे। बेन्द्रे के चित्रों को देखकर देवलालीकर की यह घोषणा करना कि यह आगे चलकर रंगबाज/(Colourist) बनेगा, कुछ हद तक सच होती दिखलाई देती है, किन्तु बेन्द्रे रंगों से आगे जाकर, बाद के चित्रों में रंग प्रभाव की तरफ़ बढ़ते जाते हैं। उनके समकालीन कलाकारों के बरक्स वे अचूक रंग प्रयोग के महारथी है। इन रंग प्रयोगों का सम्बन्ध अमृता शेरगिल के चित्रों से भी बनता है और मालवा लघुचित्रों से भी। बेन्द्रे की रंगों की परतें, उनके आपसी सम्बन्ध और रंगतें आदि उनके चित्रों में मिठास घोल देते हैं। यह मिठास अन्त तक बनी रहती है। वे रंग और रंगतों पर ज़्यादा ध्यान देने लगते हैं। इस तरह के चित्रण से उनमें ठहराव सा दिखलाई देता है। उनके चित्रों का साफ़-सुथरापन आकर्षक है। वे चित्र की रंग योजना तैयार करते वक़्त एक रंग पर ज़ोर देने लगे। उसे केन्द्र में रख उसके विपरीत रंग प्रयोग और उसी प्रमुख रंग की रंगतें उनके चित्र में प्रधानता रखने लगी। ठिठके रंग, ठहरा समय, ठसक से भरी आकृतियाँ बेन्द्रे की विशेषता बन गयी।

यह ठहराव उनके स्वभाव के विरुद्ध जाता है। इस बदलाव का श्रेय बड़ौदा स्कूल के उन कलाकार साथियों को जाता है, जिनके विरोध स्वरूप बेन्द्रे को बड़ौदा स्कूल ऑफ़ आर्ट से इस्तीफा देना पड़ता है, जिसकी स्थापना के लिए उन्होंने अपना सब कुछ दाँव पर लगा दिया था। दुःख से बींधे बेन्द्रे बम्बई लौटकर अपने को संयत करते हुए नये चित्रों में रंगों को सम्भालते रंग योजना में बदलाव लाते दिखते हैं। जिसमें व्यथित मन रंग सुकून के प्रयास करता दिखता है। रंग संयोजन साधता नज़र आता है। औचक और अचूक रंग प्रयोग की जगह सुविचारित, सधा-सम्भला रंग उनके चित्रों में आहत मन पर मल्हम की तरह फैलता चला जाता है।

बेन्द्रे के समकालीनों की रंग योजना में चटख रंगों का अभाव साफ़ नज़र आता है। बेन्द्रे प्रकृति से काफ़ी कुछ ग्रहण करते हैं, फिर उस रूपाकार को रंगाकार में एक कुशल चितेरे की तरह बदल देते हैं। वे अपनी ज़मीन से किस कदर जुड़े हैं, यह बात ग़ौर करने की है। वे कहते हैं : ''मैं इस धरती का वारिस हूँ। इस धरती पर चलता हूँ, इस धरती पर खाता हूँ और मैं धरती के अलावा किसी और चीज़ का विचार नहीं रखता।''

बेन्द्रे का जुड़ाव अपनी दुनिया से और दुनियावी बातों से कितना ज़्यादा है, इसका उदाहरण उनका चित्र है। वे बर्तन बाज़ार से लेकर ट्रेन में बैठी लड़की तक को इसी दुनिया से उठाकर अपने चित्र-फलक पर फैला देते हैं। बेन्द्रे की यायावरी इस दुनिया जहान को समझने, फिर चित्रित करने के केन्द्र में है। बेन्द्रे यात्राएँ करते हैं और

दर्शक को उन यात्राओं से उपजे कल्पनालोक की यात्रा पर ले जाते हैं। दर्शक के लिए बेन्द्रे के चित्र मीठे स्वप्न की तरह हैं, जहाँ दुनिया सजी-सँवरी, साफ़-सुथरी, सीधी-सादी, सूना-सन्नाटा लिए है। दृश्य ठहरा हुआ है। छायाचित्र की तरह। यथार्थ, दुनियावी यथार्थ नहीं है। चित्र का यथार्थ दर्शक का स्वप्नलोक है। वह ठगा-सा निहारता है और ठहरे सन्नाटे में डूबता जाता है। बेन्द्रे का लक्ष्य यथार्थ चित्रण नहीं है। बेन्द्रे की दृष्टि यथार्थ से बींधी है, वे धरती के वारिस की तरह धरती के अजूबे को यथार्थ की तरह रच देते हैं। बेन्द्रे के चित्रों की शुरुआत मालवा के भूदृश्यों और हाट-बाज़ार से होती है। भूदृश्य अन्त तक बेन्द्रे के चित्रों में दिखाई देते हैं, किन्तु हाट-बाज़ार की चहल-पहल, धड़कती ज़िन्दगी धीरे-धीरे उस सूने एकान्त में तब्दील होती जाती, जिसे बेन्द्रे ने उस बाज़ार में बैठकर अपने अकेलेपन में महसूस की थी। बेन्द्रे के चित्रों में लगातार बदलाव आते दिखते हैं, जिसमें रूप के साथ खिलवाड़ प्रमुखता से नज़र आता है। बेन्द्रे की रचनात्मक उलझनें भी उसी 'रूप' में बुनी जाती हैं। रूपाकार बदलते नज़र आते हैं और बेन्द्रे गहरे आत्मसंकोच के साथ यथार्थवाद से पीछा छुड़ाते हैं।

बेन्द्रे के शुरुआती चित्रों में भी यह यथार्थवाद प्रमुखता से नहीं दिखता है। वे विद्यार्थी जीवन के प्रभाव से मुक्त होना शुरू कर देते हैं— 1937 के आसपास। उनके रंग प्रयोग प्रारम्भ से ही सबका ध्यान खींचते रहे। हुसेन ने पहली बार उन्हें बर्तन बाज़ार में दृश्य-चित्रण करते हुए देखा था, तब वे रंगीन काग़ज़/Tinted Paper पर अपारदर्शी रंगों का उपयोग कर रहे थे। हुसेन के लिए यह अचम्भा था। उन दिनों सभी दृश्य-चित्रण सफ़ेद काग़ज़ पर जलरंगों से किया करते थे। बेन्द्रे उस वक़्त विपरीत धारा में तैर रहे थे। बेन्द्रे की रचनात्मक भूख उन्हें न सिर्फ़ रंग प्रयोग की तरफ़ ले जाती है, बल्कि वे रूपाकारों के साथ भी मनमानी करते हैं। बीच के चित्रों में घनवाद/Cubism का प्रभाव भी है और शैली ढूँढ़ने, अपनाने की जद्दोजहद भी। बाद के चित्रों में बेन्द्रे का ठहराव साफ़ दिखता है, जहाँ अमृता की आकृति और बेन्द्रे का अकल्पनीय सूनापन है।

हुसेन अपना रेखांकन पूरा करते हैं। उन्होंने 'Vagabond' चित्र का रेखांकन किया था। हुसेन की स्मृति में वह चित्र आज भी उतना ही साफ़ है। हुसेन बोले— ''चित्र की रंग योजना चटकीली थी और उन दिनों इस चित्र की चर्चा आम हुई। चलिए, उनका सौवाँ जन्मदिन साउथ हाल में मनाया जाए। हिन्दी सिनेमा भी देखें।'' हुसेन साहेब बच्चों की सी ख़ुशी और उत्साह से भर उठे। जन्मदिन मनाने की ख़ुशी। पकवान, सिनेमा और तफरीह। हम लोग थोड़ी देर बाद हुसेन की नयी रोल्स रॉयल में साउथ हाल की तरफ़ उड़े जा रहे थे।

20 जनवरी, 2011

गायतोण्डे : एक चित्रकार

गायतोण्डे के चित्रों पर लिखने की मुश्किल यह है कि कहाँ से शुरू करे? उनके चित्रों के किस दौर का काम लेखे में ले या क्या यह सम्भव है कि उनके शुरुआती काम में उनके बाद के चित्रों का कोई सम्बन्ध बनाये या कि उनके अलग-अलग दौर में किये गये कामों को उसी परिप्रेक्ष्य में देखें या यह किया जाये कि उनके पहले के चित्रों को छोड़कर उन चित्रों को देखें जिसके लिए हुसेन उन्हें एकमात्र पसन्दीदा चित्रकार कह रहे हैं या यह भी कि उन रेखांकनों को भुला दिया जाये जिसमें वही ऊर्जा बह रही है जो चित्रों की जान है या फिर यह देखा जाये कि गायतोण्डे के सरोकार रंग नहीं हैं, वे रंगों का इस्तेमाल माध्यम के एक अंग की तरह करते दीखते हैं। वे किसी रंग पर टिकते नहीं हैं और न ही किसी रंग पर जोर देते दिखाई देते हैं। उनके रूपाकार आलोकित है भीतरी उजास से उनमें अपने अन्दर का अँधेरा फैला है। किसी भी संवेदनशील दर्शक को यह भ्रम हो सकता है कि गायतोण्डे का सरोकार रंग है या कि वे रंगबाज़ हैं। इसका एक और सिर्फ़ एकमात्र कारण यह कि वे रंग

का इस्तेमाल इस कदर डूब के करते रहे हैं कि दर्शक चित्रों की तरफ़ खिंचा चला जाता है। गायतोण्डे की रंग पैलेट नहीं है, वे एक रंग उठाते हैं और उस रंग के विस्तार में एक चित्र बनाते हैं। शायद यह रंग अब दोबारा पैलेट पर नहीं लौटे। यह उनकी विशेषता है कि वे रंग की कोर तक जाते दिखाई देते हैं, जहाँ रंगानुभूति उतनी ही महत्त्वपूर्ण हो जाती है जितनी चित्रानुभूति। वे एक ऐसे चित्रकार हैं जो रंगों के साथ खेलते हुए नहीं दिखाई देते बल्कि उनका रंग संसार सोचा-विचारा है, जिसमें उनकी अपनी समझ उतनी काम नहीं कर रही होती जितना उनका अनुभव। यहाँ मैं यह याद दिलाना चाहता हूँ कि गायतोण्डे के लिए 'करना' से ज़्यादा महत्त्वपूर्ण 'इन्तज़ार' रहा है।

वे इन्तज़ार करते हैं किसका? क्या यह इन्तज़ार रंग का है? या किसी रूप का? या प्रेमिका का? वे किस बात का इन्तज़ार कर रहे हैं, इसे जानने में हमारी मदद उनके चित्र करते हैं और हम देखते हैं कि चित्र का जीवन रंगों में तो महक ही रहा है, किन्तु वहाँ एक और अंग है जिसका अनुभव दर्शक को रंग से ज़्यादा होता है, वह 'रूप' है। यह निर्विवादित सत्य है कि गायतोण्डे के चित्र एक डूबे हुए चित्रकार के चित्र हैं। उनके बारे में प्रचलित किंवदन्तियाँ बतलाती हैं कि वे किस तरह एकान्तिक व्यक्ति थे या कि वे स्वयं किसी से मिलते नहीं थे या कि महीनों एक कैनवास को देखा किया करते थे और अनेकों सच्चे-झूठे किस्से उनसे मिलने और न मिल पाने के सुनते चले आये हैं, किन्तु यह सच है कि वे सार्वजनिक जीवन से लगभग ग़ायब चित्रकार रहे हैं उनका अकेला होना ही उनका 'होना' है। उनके बम्बई में होने को कुछ सार्वजनिक माना जा सकता है, किन्तु दिल्ली आकार वे एकान्तिक होते गए और फिर धूल भरी बरसाती भी इन किस्सों में शुमार हो गयी। एकान्त की रूप उपासना गायतोण्डे को उस तरफ़ ले आयी जहाँ दृश्य चित्र 'रूप चित्रों' में बदल जाते हुए दिखाई देते हैं। बहुत से विद्वान इस मत को रखते रहे हैं कि गायतोण्डे के रूपाकार लिखावट की प्रेरणा से उभरते हैं। ऊपरी तौर पर यह सच भी लगता है किन्तु यह बात सभी चित्रों को देखने पर लागू नहीं होती। रूपाकार लिखावट लिए हैं और यहीं से गायतोण्डे के अद्वितीय संसार रचना शुरू होती हैं।

गायतोण्डे के चित्रों की प्रमुख ख़ासियत यही है कि वे रूप से सराबोर हैं और यह रूपाकार उन्हें उस रूप की याद दिलाते हैं जो उनका सरोकार है। यह रूप-सन्धान उनके प्रारम्भिक चित्रों में भी दिखाई देता है फिर वह कुछ अमूर्त होता चला जाता है जब वे रोलर से चित्र बनाना शुरू करते हैं, फिर यह अमूर्तन ही उनके चित्रों का आधार हो जाता है। यह भी दीखता है कि इसी अमूर्त रूपाकारों के साथ वे लम्बा समय उन्हें सँवारने, निखारने में लगाते हैं। इन रूपाकारों के परिष्कार में रंगों का सहारा भी लेते हैं। क्या हम कहें कि गायतोण्डे को किसी सहारे की

ज़रूरत थी? यह बात बिलकुल सच हो सकती है कि वे जीवन भर एक सहारे का इन्तज़ार करते रहे हों और यह सहारा उन्हें चित्रों से मिला हो। चित्र बनाने के अलावा कुछ और भी कर सकते थे, इस पर सन्देह किया जा सकता है और यह भी सच है कि वे चित्र भी कुछ कम ही बनाते रहे।

सहारा ढूँढ़ना भी है और पाना भी नहीं, इसी दुविधा से भरे इन चित्रों का यौवन चित्र जगत् की थाती है।

उनके चित्र इस कथा को कहते हैं उनका चित्र संसार रंगों से नहीं रूपाकारों से ओतप्रोत है। यह रूपाकार अपना अदृश्य सम्बन्ध कई रूपों से बनाते हैं। कहीं वे अक्षर हैं तो कभी दृश्य में हड्डियों वाली गाय। वे कई रूप हैं। कई रूपाकारों की स्मृतियाँ हैं। यह स्मृतियाँ गायतोण्डे की हैं और एक कुशल कारीगर की तरह वे इन्हें सार्वजनीन कर देते हैं। दर्शक की स्मृतियाँ खुलने लगती हैं जब वह इन चित्रों के रूप और रंग की इस परिष्कृत व्यंजना को देखता है, धीरे-धीरे उसे अवकाश/Space का अनुभव होता है। वह देखता है इन चित्रों की रचना किसी आधार पर नहीं अवकाश में की गयी है। यह रूपाकार ब्रह्माण्ड में अवस्थित हैं।

तैरते हुए एक दूसरे का सहारा लिए इन रूपाकारों के सहारे का सूत्र दिखाई नहीं देता। किसी अदृश्य धागे से बँधे रूपाकारों का आधार रहित होना ही अचम्भे को ले आता है जो किसी भी कलाकृति का गुण हो जाता है। यह सहारा पाने और ढूँढ़ने का विलम्बन है। यहाँ उम्मीद और नाउम्मीदी से विचरण किया जा रहा है।

गायतोण्डे को उम्मीद किससे है? मैं उनसे कभी नहीं मिला और उनके क़िस्से इतने सुन लिए कि अब वे कथा नायक की तरह नज़र आते हैं। यह नायक किसी राजकुमारी की जान बचाने के लिए जंगली राक्षस से नहीं लड़ रहा है, न ही इस नायक की राजकुमारी मुसीबत में फँसी है। फिर भी वे लगातार संघर्ष कर रहे हैं? किस उम्मीद से? क्या चित्र रूपी राजकुमारी पर कोई संकट है या सिर्फ़ एक भ्रमजाल है जिसमें वे फँसे हैं? वे किस उम्मीद से रच रहे थे, इसकी पड़ताल की जाए तो हम देखते हैं उनकी उम्मीद के रेशे उन रूपाकारों में जा धँसे हैं जहाँ कोई उम्मीद नज़र नहीं आती। यह रूपाकार देखे गए सत्य या महसूस किये गए सत्य को उजागर नहीं करते। यह रूपाकार किसी परिचित आकृति के लिए भी नहीं रचे जा रहे हैं। वे सिर्फ़ रचने के लिए रचे गए रूप हैं जिनसे कोई सन्देश नहीं पहुँचाना है, न ही वे किसी सामाजिकता का प्रतिरूप हैं। गायतोण्डे के चित्रों का संसार पूरी तरह से रचना-प्रक्रिया को साधने और इस कर्म से उत्पन्न हुए चित्र के लिए है। वे इस प्रक्रिया में डूबे हैं और इस डूब में सिर्फ़ चित्र बनाने का आनन्द है।

बिना उम्मीद के ये रूपाकार चित्र के लिखने में जितना विस्तृत होते गए उतना ही गायतोण्डे का व्यावहारिक संसार छोटा होता गया। वे एकान्तिक होते जाते हैं और अब सिर्फ़ मजबूरी ही थी कि वे चित्र बनाये। चित्र बनाने की

मजबूरी का अहसास और विशाल विचार अनुभव का विस्तार उनके चित्रों के अवकाश में अवकाश पाता गया। शुरुआती दौर से गायतोण्डे इस अवकाश की अनन्तता से संवाद करते दिखते हैं। उनके रेखांकनों में भी ये ही बात नज़र आती है। यह चित्र और ये रेखाचित्र सम्बोधित है उस अन्दरूनी वार्ता को जिसका कोई सम्बन्ध शायद गायतोण्डे के परिष्कृत मनुष्य से होगा। मैं गायतोण्डे के चित्रों को अध्यात्म से नहीं जोड़ना चाहता हूँ, न ही यह देखना चाहता कि वे एक उपासना के चलते यह रच रहे थे या कि इसका कोई धार्मिक अर्थ में सूफ़ी होना है। गायतोण्डे एक ईमानदार चित्रकार की तरह अपने रचना संसार में कुछ ज़्यादा ही भीतर पैठ गए थे, जहाँ से उन्हें इस जहाँ की कोई ख़बर न थी। वे इन सब रूपाकारों की सांसारिकता से नहीं जूझ रहे थे बल्कि इस सांसारिकता की उजास में रूपाकार के अन्दरूनी सत्य का कैसा विस्तार हो सकता है, इसकी पड़ताल में संसार छोड़ बैठे थे। उनके रूपाकार वास्तविक दुनिया का प्रतिनिधित्व नहीं करते दिखते हैं, वे लिथड़े हैं अपने सच में जिसका अनुभव गायतोण्डे ने शायद ज़िद में हासिल किये एकान्त में किया हो? यह चित्र दुनिया का आईना नहीं है जिसमें परिचित वस्तुओं से सामना होता है, ये चित्र संसार का मन पर पड़े प्रभाव का प्रकटन भी नहीं है जिसमें ध्यान वस्तु का अनुभव है। यह चित्र एक चित्रकार की उथल-पुथल का प्रमाण हैं। इनमें कामना की उजास है, ईर्ष्या की चमक है, लालसा का अँधेरा है, शान्त स्वभाव के रंग रति हैं, उग्रता का बिखराव है, रूप की एकाग्रता है, चंचल मन की विविधता है। गायतोण्डे यदि यह नहीं कह रहे थे तब हम वो सब भी नहीं पा सकते जो उनकी अलिखित भाषा में छिपा है। उन्होंने लिखा है और यही सब लिखा है जिसमें भाव-प्रवणता है, भाषा-विन्यास है। गायतोण्डे रचते हैं और रचने में बसते हैं।

उन्हें उम्मीद है इस रचने से और इस रचे हुए पर टिके रहने से।

गायतोण्डे का बिखरा जीवन ही उनकी रचनात्मकता का एकान्त एकाग्र है। वे अपने को समेटते हैं चित्रों में। वे भीतरी विराट का अनुभव करते हैं रूपाकारों के अनन्त विस्तार में। उनके चित्रों की अनन्तता के अनुभव के लिए किसी भी सहृदय को उनके चित्रों से गुज़रना होगा। वे यह देख सकते हैं कि गायतोण्डे रचने की बेबसी में चित्र भाषा के विस्तार में अपने सरोकार से मुतासिर थे। वे एक एकाग्र अवकाश की तलाश में भटक रहे थे। यह तलाश शुरू होती दिखाई देती है और इसका अन्त नज़र नहीं आता।

गायतोण्डे के चित्रों को तीन हिस्सों में बाँटा जा सकता है। पहला उनके शुरुआती काम हैं जो आकृतिमूलक हैं। इन चित्रों में कई तरह के प्रभाव हैं, जहाँ वे ए.ए. आलमेलकर और बेन्द्रे कि आकृतियों के प्रभाव से मुक्त होने की कोशिश में दीखते हैं। इन दिनों के चित्रों को लेकर वे स्वयं भी आश्वस्त नहीं है और उनका अधिकांश समय

इन आकृतियों और उससे संवाद करती पृष्ठभूमि से दीखता हैं। गायतोण्डे के बहुत ज़्यादा चित्रों को न देख पाने के कारण मैं उन पर तारीख़वार कुछ ख़ास नहीं कह सकता किन्तु यहाँ से ही गायतोण्डे के प्रस्थान बिन्दु नज़र आने लगते हैं। वे जितना जोर आकृतियों पर दे रहे हैं उतना ही ख्याल पृष्ठभूमि के चित्रण पर भी है जो बाद में उनका अवकाश बनने वाली है। इस दौर के चित्र ऐसा भी आकर्षण नहीं पैदा करते कि किसी अद्वितीय चित्रकार के चित्रों की शुरुआत देख रहे हैं। ये चित्र साधारण हैं और कोई प्रभाव नहीं छोड़ते। इसी दौर के अन्त तक गायतोण्डे की आकृतियाँ अमूर्त होना दिखाई देना शुरू होती है। इन चित्रों में एक उलझन का बुनना भी शुरू होता है। आकृतियाँ कहीं-कहीं पृष्ठभूमि से जा मिलती है या कि इस तरह का अतिक्रमण हम सब तरफ़ देखते हैं। चित्र में Positive Negative Space गड्ड-मड्ड हो रही है। इनका घालमेल और Cubistic संयोजन।

इन्हीं दिनों के कुछ चित्रों में पॉल क्ले का प्रभाव भी नज़र आता है। रंग संकल्पना अत्यन्त साधारण है। रूप सन्धान विधि है। कोई दिशा नहीं और कोई लक्ष्य नहीं। चित्रकार की भटकन और अटकन को खोलते खेलते गायतोण्डे के चित्रों में बड़ा उलट-फेर नज़र आता है, जब वे रोलर की मदद से चित्र बनाना शुरू करते हैं। इन चित्रों का आकर्षण 'एक रंग' विस्तार योजना है। ज़्यादातर चित्र इसी विधान से बने हैं। रंग विशाल विराट की अनुभूति में विहंगम दृश्य प्रस्तुत करते हैं। यहाँ गायतोण्डे पूरी तरह आकृति से छुटकारा पा चुके हैं। दृश्य-चित्रण की शुरुआत है और इसमें दर्शक को अनन्त का अहसास होता है। आकृतियों की जगह कुछ अपरिचित रूपाकार हैं जिनका सम्बन्ध देखे हुए यथार्थ से नहीं है। ये अपरिचित रूपाकार चित्रों की अनिवार्यता से उत्पन्न चित्र भाषा के प्रमाण हैं। गायतोण्डे दृश्य चित्रण नहीं कर रहे हैं और न देखे गए अनुभव को चित्रित करने की कोशिश कर रहे हैं। वे डूबे हैं चित्रों की भाषा खोजने में।

रंग और फलक एक साँस ले रहे हैं। दृश्य में कुछ भी स्पष्ट नहीं है और सभी कुछ साफ़ दीख रहा है। चित्र का अनुभव तकनीक के फैलाव में जन्म ले रहा है। तकनीक और चित्र और रूप और रंग सब एक जान हैं। यह महत्त्वपूर्ण समय था जब बहुत ज़्यादा उम्मीद नहीं थी। उस वक़्त काम कर रहे हैं अन्य कलाकारों के चित्रों को हम देखें तब पाते हैं गायतोण्डे नयी संरचना की शुरुआत कर रहे थे। इसमें तकनीक का महत्त्व गौण है कथ्य का अधिक। वे उस वक़्त के अकेले चित्रकार नज़र आते हैं जिन्होंने इस नयी ज़मीन की तलाश की। कई अर्थों में वे अवागार्द थे। यह समय था हुसेन की गुप्तकालीन आकृतिमूलकता का। सूजा के पिकासो प्रभाव का, रज़ा के फ्रांसीसी दृश्यचित्रों का, आरा के जर्मन प्रभावादी बर्तनों का और अनेक चित्रकारों की भटकन का। गायतोण्डे इन सबके बीच प्रस्तावित करते हैं अपने दृश्यचित्रों में एक ठहराव और अनन्त विस्तार। उनके इस दौर के चित्र

अकल्पनीय ढंग से कर्म की जगह इन्तज़ार की घोषणा करते हैं। आज़ाद हिन्दुस्तान में नये रूपाकारों को प्रस्तावित करने का जोख़िम गायतोण्डे उठाते हैं। यह ठहराव स्तब्ध है। चित्रों में प्रकृति के मौन का विस्तार रंग में महसूस किया जा सकता है।

एकान्तिकता और मौन के इन चित्रों की दिशा साफ़ है और वे रंगों में एक-दूसरे में घुलमिल जाने से आकारों के स्पष्ट न होने से भी अपने कथन में साफ़ और दृढ़ दिखाई देते हैं। यहीं से शुरुआत भी मानी जा सकती है गायतोण्डे के अद्भुत रचना संसार की। वे रचते चित्रों का सच तो उनका नहीं है और अहसास दिलाते हैं, उनके चित्रों की नयी उड़ान का। ये चित्र जगत् कसा हुआ है। सारे चित्र गायतोण्डे के तकनीक पर अधिकार का बयां करते हैं। उन्होंने कम समय में उस अनजाने से अपना सम्बन्ध बनाया जो उन्हें एक नयी दिशा में ले चला है। यह दौर गायतोण्डे का तकनीक प्रेम का बड़ा अनुषंग है। यह उनके शुरुआती कामों में नहीं दिखता बाद में प्रमुख होता जाता है और एक समय ऐसा आता है जब गायतोण्डे इस तकनीक को कब्ज़े में कर लेते हैं। वे एक कुशल कारीगर की तरह सधे हाथों से अपने चित्र गढ़ने लगते हैं।

इसके बाद आता है वह दौर जिसके लिए गायतोण्डे चित्रकारों के चित्रकार की तरह पहचाने जाने लगे। उनके चित्रों की तारीफ़ सभी चित्रकार करते रहे। ऐसा कम ही होता है कि सभी चित्रकारों के लिए निर्विवाद कोई एक चित्रकार हो। गायतोण्डे इन चित्रों को शुरू करने के पहले कहते हैं कि वे जानना चाहते हैं रूप के बारे में, रंग की संवेदना के बारे में, उन्हें आकृतियों में किसी तरह का तनाव नज़र नहीं आ रहा था जिसमें वे अमूर्त भावों को पिरो सके। उन्हें यह भी ठीक नहीं लगता रहा कि वे एक अमूर्त चित्रकार कहलाये जायें। वे अपने को एक चित्रकार की तरह देखते और बरतते रहे। उनका यह चित्र परिष्कृत अन्त तक चलता रहा। ये चित्र बनावट हैं, बुनावट हैं, जिसकी कल्पना उन्हें शिक्षा से मिली ऐसा वे कहते हैं।

गायतोण्डे इन चित्रों में किसी दुविधा में नहीं हैं और उनका चित्रण अब तकनीक से ऊपर उठ चुका है। वे विचरते हैं उस संसार में जहाँ उनका ध्येय संवेदनाएँ हैं जो अमूर्त हैं। वे किसी परिचित आकृति से नहीं टकराना चाहते हैं और न ही उनके लिए चित्र विशिष्ट रंग योजना अब उनसे दूर है। वे इतने दिनों तक एक तरह के रास्ते पर सिर्फ़ इसलिए चलते आये कि वे कुछ स्वतन्त्र विचरण कर सकें चित्रकला उनके लिए सिर्फ़ आँखों में देखी गयी दुनिया के अलावा भी बहुत कुछ था। वे बाहरी संसार से ज़्यादा अन्दरूनी जगत् के सम्पर्क को महसूस कर रहे थे जिसका चित्रण सम्भव नहीं है। उनका संसार अब उनका है, जहाँ सुख-दु:ख का साझा उनकी अपनी चित्र दुनिया से है जो भेद दृष्टि से संचालित नहीं है। जहाँ संवेदनाओं की सम्भावना है। भाव जगत् से चित्र जगत् महसूस

किया जा सकता है इस जगत् में नदी पेड़, पहाड़ झरने, वनस्पति, चाँद-सूरज और मनुष्य और उसके संचारी भाव सब एक हैं। उन्हें महसूस किया और वे प्रकट हैं अपने बनाव सिंगार के साथ। अपने अबूझ सौन्दर्य के साथ। अपने अनगढ़ आकारों के साथ।

गायतोण्डे के चित्रों की सुन्दरता इस लम्बे सफ़र में कभी कम नहीं होती है। वे ख्याल रखते हैं उसके अलंकरण और उसमें रूप के दोहराव का जो उन्हें अन्त तक चित्र का ज़रूरी अंग लगता रहा है। वे ठहराव के अनन्त में मौन की साधना करते हैं। चित्र बुनते वक़्त उनके लिए संगीत का सुनना ज़रूरी है। सम्भवतः संगीत की आकस्मिकता और अकेलेपन से गायतोण्डे अपने चित्रभूमि की रचना प्रेरणा पा रहे हो? यह सब क़यास है इसका होना ज़रूरी नहीं। गायतोण्डे ख़ुद इस बात को स्वीकार करते हैं कि वे चित्रण के दौरान संगीत सुनना पसन्द करते हैं। संगीत के विस्तार की तरह तो नहीं कहूँगा किन्तु ये चित्र एक विस्तार लिए हैं, जो इनका अपना है। इसके आरोह-अवरोह अपने हैं, इनमें आवर्तन नहीं है और ख्याल की कोई बन्दिश नहीं है जिसका सम इसी फलक पर गिरता है। गायतोण्डे संगीत सुनते थे यह तथ्य है और संगीत के अनुसार नहीं रचते, यह सच चित्रों में भरा है। वे संगीत का सुनना अपने रचनालोक में विचरने के लिए जारी रखते होंगे। संगीत प्रेरणा नहीं बल्कि एक तरह की ढाल रही होगी ग़ैर सांगीतिक आवाज़ों को रोकने के लिए। उनके चित्रों में मुश्किल से कोई चिह्न दिखाई देता है जिसका सम्बन्ध संगीत से है। वे चित्र बनाते हैं और चित्र बनाने की प्रक्रिया को स्थगित कर रखते हैं। महीनों एक चित्र या कि एक भी नहीं।

यह ठहराव और रूप ठिठौली

यह स्थगन और स्फूर्त आकल्पन

यह मौन और वाचाल चित्रण

यह एकाग्र और रंग विचलन

यह गायतोण्डे का होना है। जिसमें गायतोण्डे का विधान ख़ुद का है।

शीर्षक नहीं

पिछले कई दिनों से टिक-टिक ने उसका जीना हराम कर दिया था। घड़ी की टिक-टिक से बचती हुई वो घूम रही थी और टिक-टिक उसका पीछा नहीं छोड़ रही थी। सोते-जागते, उठते-बैठते हर दम हर तरफ़ बस टिक-टिक, टिक-टिक। इसी से घबराकर वह इस बगीचे में आ गयी थी शायद यहाँ चैन मिले। तब भी टिक-टिक नहीं पीछा नहीं छोड़ा। पिछले बरस उसके मन में एक विचार आया कि क्यों न वह एक किताब में जा छिपे और जब से वह किताब ढूँढ़ रही थी और किताब थी कि ख़ुद किताब में छुपी थी। वह पेड़ पर चढ़ना चाहती थी और पेड़ कुछ ऊँचा था। थोड़ा झुका-सा। पेड़ पर एक पत्ता न था। पत्ते की परछाईं भी जमीं पर थी। दूर-दूर तक कोई दिखाई न दे रहा था। ख़ुद परेशां कि कहाँ आ गयी और कोई क्यों नहीं मिलता? एक चिड़िया थी और एक तितली। चिड़िया तितली जैसी और बग़ीचा ऐसा था कि ख़ाली मैदान खड़ा है या रेगिस्तान।

वो स्वप्न में थी और यथार्थ सरक रहा था।

दूर कुछ सीढ़ियाँ दिखीं, वो दौड़कर चढ़ गयी। उसे भटकते हुए कई बरस हो गए थे, प्यास से गला सूख रहा था। सामने कुआँ है और कुएँ में पानी नहीं। उफ़क पर सूरज दीख रहा था किन्तु उसमें आग नहीं। कुछ काला कुछ नीला ठण्डा सूरज चाँद भी नहीं था, उसे लगा यह सूरज ही है। कुछ सूरज था कुछ सूरज-सा।

कई दिनों से यहाँ कुछ अजीब हो रहा था। पहले उसे डर लगा फिर उसने देखा यहाँ सब कुछ होता है घटता नहीं। एक परछाई चलती हुई चली गयी दूसरी उसके पीछे उड़ती हुई आयी और फलक में जम गयी। बादल बकरी का सर लेकर उड़ा चला जाता है फिर लौट आता है।

कभी उसे डर लगता था कि कोई बन्दूक की गोली आकर उसके सीने में न रहने लगे। फ़िलहाल टिक-टिक से भाग रही हूँ के ख्याल ने उसकी घड़ी फिर चालू कर दी। वो सोच रही थी और घड़ी चल रही थी।

सामने कुकुरमुत्ते से पेड़ एक क़तार में लगे से थे, उन पर बैठी चिड़िया की छाया उड़ रही थी। लालटेन जल रही थी और उसका बुझा-सा प्रकाश फैला हुआ था, उसी के उजाले में पत्ती और उसकी छाया वहाँ रहती थी। अभी वह देख ही रही थी कि एक छोटे से आदमी ने आकर दरवाज़ा खटखटाया। इस आदमी की परछाई भी साथ थी और हाथ में एक स्लेट थी जिस पर देवनागरी पर 'अ' लिखा हुआ था। यह आदमी जहाँ भी जाता उसकी परछाई साथ जाती। रात में साफ़ और गहरी दिखाई देने लगती। परछाई आदमी से उपजी थी और बग़ैर प्रकाश के रहती। जब कोई नहीं होता परछाई कुछ देर आराम कर लेती। वह इतनी भारी थी कि हर वक़्त जमीं पर पड़ी हाँफती रहती और जब कोई परछाई न हो तब कुछ हल्का हो उड़ लेती। आदमी और परछाई एक साथ पैदा हुए। वह संसार का पहला आदमी था जो अपनी परछाई लिए पैदा हुआ। जन्म से ही इस छोटे आदमी की परछाई कुछ ज़्यादा बड़ी थी। वह नल पर पानी पीने जाने की हर वक़्त सोचता और कभी नहीं जा पाता। बीच-बीच में कुछ भेड़ें इस दिशा से उस दिशा तक चली जाती और उनमें सबसे छोटी भेड़ हर वक़्त भीड़ के बीच अकेली 'भेड़ चाल' को झुठलाती उलटी चलती रहती। वह यथार्थ अनुभव कर रही थी और सब कुछ स्वप्न-सा था।

दूर पहाड़ की परछाई के पीछे का आसमान नीला हो चला है और अब कुछ भेड़ें उस प्राचीन नदी से पानी पीना चाहती है, जो अभी-अभी बहना शुरू हुई। इस प्राचीन काली नदी में कहीं-कहीं ख़ून बह रहा है और उसका काला रंग कहरा है नदी गहरी नहीं है। बहती नदी के नीचे जम चुकी सभ्यताएँ दबी हुई हैं और उनकी हड्डियों भरे हाथ यहाँ-वहाँ झाँकते रहते। उसकी बहती हुई परछाई और गहरी। यह नदी समुद्र और आसमान से मिलने नहीं जाती बस बह रही है।

वहीं किनारे एक आधा फटा कोरा कैनवास अपने फ्रेम में जड़ा पड़ा है जिसके सामने एक सेव रखा है मानो सेज़ा

आकर इसी फल का चित्र बनाने वाला है। यहाँ वान गॉग सी तूफ़ानी हलचल नहीं है और रोथको के ठहरे रंग भी नहीं दीखते। पास रखी पेन्सिल से कुछ नहीं उकेरा जा सकता यह नसरीन को पता है। हुसेन के आकाश का विस्तार सँभाला हुआ है।

चलते-चलते वह भैंस के मुँह के पास आ गयी थी और उसी की परछाई वाली सड़क पर चलने लगी। इस बीच वह एक काम कर चुकी थी जिसका नतीजा उसके मनमाफिक नहीं रहा। उसने गुस्से में घड़ी का मुँह काला कर दिया था और उसके काँटे भी घुमा दिये किन्तु टिक-टिक चलती रही।

उसे लगा उसके भरे भारी स्तन अब चिड़िया ले उड़ी है। गहरे नीले आकाश में वह भागकर अपने स्तन वापस लेना चाहती है और उसका भारी भरा भ्रम भागने में मदद नहीं करता। चिड़िया चबैने की तरह उसके स्तन ले भगी।

पास रखा लैम्प बुझा हुआ था और उसी की रोशनी में उसे एक शंख दिखा और उसी की रोशनी में उसे एक शंख दिखा जिस पर कुछ नहीं लिखा था। उसकी उम्मीद अब टूट चुकी थी। कोरा फटा कैनवास और उसका मटमैला रंग उसे भाया। तिकोना-सा फटा या कटा कैनवास अपनी सूखी जंग लगी फ्रेम में अटका हुआ था। कुछ रंग के डब्बे उसे उदास नज़रों से देख रहे थे और उसके पीछे से झाँकते अपने में मगन एक चेहरे ने उसे चौंका दिया। उसके सामने रखे चौकोर ने चमका दिया। वह हैरान-सी उन्हें घूरती चली गयी।

सूखा कुम्हड़ा प्राचीन नदी के पानी से और सूख रहा था। उसकी परछाई दूर एक खम्बे पर जा कर चिपक गयी। उसने देखा परछाई से चेहरे की एक और परछाई निकली और दूसरे खम्बे पर जा चिपकी। वे खम्बे हिल गए और ठीक रुके रहने की कोशिश में धराशायी हो खड़े हो गए। अब उन पर उनके धराशायी होने के निशान भी खड़े थे। बेशरम परछाई फिर भी चिपकी रही और दूर किसी मटके का पानी बूँद-बूँद गिरने लगा।

हर तरफ़ कोहरा छाया था सब साफ़ दिखाई दे रहा था गिरे हुए डब्बे और हवेली की परछाई, गर्भवती के कहने में है। सीढ़ियाँ कहाँ ख़त्म होती हैं यह सामने था और उसकी परछाई से उतरन उतार ली गयी थी। घड़ी की परछाई और जमे हुए पत्थरों का दुःख पिघले लोहे की तरह जार में जमा हो रहा था। कटी खिड़कियाँ और डाकघर की आधी सील उसके मन को सान्त्वना नहीं दे सके। उसका मन भरे भी क्यों? आखिरकार उसके स्तन चिड़िया ले जा चुकी है। इसी घनघोर अँधेरे में उसने केरम रखा हुआ देखा है और गोटें नहीं हैं, वे कीड़े-सी उन पर फिसल गयी हैं उस बुझी हुई चिमनी के प्रकाश में उसे दीख रहा है। आधा काला चाँद जो सर पर चमक रहा था।

पास ही रखे ईज़ल पर कुछ नहीं रखा था। नंगा ईज़ल पीछे टिकी सारंगीनुमा से शरमाया हुआ सामने बिखरे डब्बों

से मुखातिब था। हवा में अजवाइन की महक फैल रही थी। उसे शर्म आयी बिना भारी भरे स्तनों के वो कैसे इस जहाँ से उठ सकती है भले ही मीर तक़ी मीर की यह ग़ज़ल सुनाई दे रही हो 'देख तो दिल से जां से उठता है।'

उसे दु:ख या शंख पर कुछ लिखा नहीं है और काला चाँद भी बेवज़ह बेशरम बेमुरव्वत निकला।

वह भर आयी और उसे लगा यहाँ आये काफ़ी समय हो गया है अब तक महक उसके नथुनों में भर चुकी थी और ठीक इस वक़्त टिकटिक शुरू हो गयी। घड़ी से कम और घड़ी की परछाई से ज़्यादा टिक-टिक सुनाई दे रही थी। उसने उम्मीद से दुनिया को याने अपनी परछाइयों को देखा कि क्या वे भी इस टिक-टिक से परेषां हैं? उसे अजीब लगा जब उसने देखा वे निश्चिन्त हो खेल खा रही थी और लगातार बड़ी हो रही थी। उसने उस आदमी की परछाई को देखा वह झूला झूल रही थी। उसे शक हुआ ये परछाइयाँ बहरी हैं। इन्हें टिक-टिक नहीं सुनाई देती है। प्राचीन नदी का पानी बग़ैर कुछ कहे बह रहा था। ख़ून भी। कालापन भी। पतियाँ बेआवाज़ गिरी जा रही हैं शान्त सूरज बिलावजह जला जा रहा है।

उसे बर्वे की याद आयी। वह हड्डियों से भरी पहाड़ की नींव पर पहाड़ खड़ा कर देता था और उसकी परछाई में जान डाल सो जाता था। काश वो आज साथ होता है और इन परछाइयों को सुन पाता; कितना कुछ कह रही हैं किन्तु टिक-टिक नहीं सुन रही। उसकी नज़र अपने स्तनों पर गयी जो अब मछली बनते जा रहे थे, वे उसके पास नहीं थे, न ही अब चिड़िया की चोंच में, वे स्वतन्त्र होकर मछली का रूप ले रहे थे। उसे अच्छा लगने लगा और कावड़ के चारों तरफ़ अब तक सूखी घड़ियों का ढेर लग चुका था कोई ख़ाली थी कोई सिर्फ़ आकार धरे थी। ख़ाली घड़ी के काँटे खोजें भी न मिले। मछली के काँटे मछली की तरह जम गए और इन्हें खेल-खेल में रोक दिया हो। दूर खिलौने का चौदइ इंची घोड़ा अपने पिछले पैरों पर खड़ा चिल्ला रहा था— 'गुलाब के फूल के पत्ते अण्डकोश से खिले हैं।'

ऊपर आसमान में बरसात का आवारा बादल भूरा हुआ जा रहा है। अब तक बोतल में लगी फनल से पानी भरा जा चुका है और स्वामीनाथन की चिड़िया अनन्त में उड़ान ले चुकी थी। उसने चैन की साँस ली ही थी कि टिक-टिक सुनाई दी। वह घबराकर मिट्टी के टीले खोदने लगी। वह छिप जाना चाहती है उन गहराइयों में जहाँ ये आवाज़ न पहुँचे। उसकी उँगलियों किसी चीज़ से टकरायीं उसने आहिस्ता से उठा लिया। वो नहीं चाहती कि टकराई चीज़ से अपनी उँगलियों तुड़ा ले। उसके हाथ में हाथ का पंजा था जो अब सिर्फ़ हड्डियाँ भर था। वो अक्सर पुरानी सभ्यताओं की खोज में खुदाई से ताज़ी स्वस्थ हड्डियाँ निकाल लिया करती हैं। इतनी ताज़ी कि वे हाथ में लेते ही रेत सी बिखर जाती है और उनमें से आबशार बह निकलता है।

इस बार से वो ज़रूर हैरान हुई कि उसने तीनों शिलालेख ध्यान से पढ़े जिस पर कुछ नहीं लिखा था और अब उसे तसल्ली थी कि यह हाथ उसी का है। इस चित्र में विदेशी हाथ का होना ठीक नहीं था। चाहे वो पॉल क्ले का ही क्यों न हो? उसने अपना झोला चश्मा बेंच पर रखा और अपने आप खुल गयी उस किताब को उठा लिया जिसकी जिल्द भारी थी। अब उसे चिन्ता नहीं थी कि उसकी चिता ठीक से जल सकेगी। वह सुलगना चाहती थी और किताब का नाम था ठीक से कैसे जलें? वह पढ़ पाती उसके पहले टूटे हुए खम्बे पर रखा पुतला बोल उठा— ''आकाश में एक बादल उसका काला ले उड़ा है'' वह घबरा गयी एक यही काला तो बचा था वह भी छिना जा रहा है? वो चीख़ी और उस बादल के लिए लपकी। बादल भी कम न था। उसने काला बदल लिया। वह भूरा हो उड़ चला। चाँद काला हो मुस्कुराया कावड़ के पायें के किनारे काले हो गए ईज़ल के छेद काले या चिड़िया का सिर। छाया काली और काली भेड़ सेव काला और पुतले का काला लैम्प में तेल की जगह भर गया उसी वक़्त मटके का काला पहाड़ पास ही बह रही प्राचीन नदी में ख़ून की तरह बहने लगा। घड़ी की टिक-टिक शाश्वत रही, वह धीरे-धीरे उसकी लय में मदहोश होने लगी।

हवा जैतून के तेल की महक फैलाने लगी। प्रभाकर बर्वे की याद फ़िज़ा में तैर गयी।

भावों का चितेरा

'मणि दा', सब लोग उन्हें इसी नाम से बुलाते रहे। ये नाम छात्रों ने खोज निकाला। यह कब हुआ, यह भी किसी को पता नहीं, किन्तु अब उन्हें सब इसी नाम से जानते हैं। उन्नीस सौ चौबीस में उत्तरी केरल के कुत्थुपैराम्बू गाँव में तमिल ब्राह्मण परिवार में मणि दा का जन्म हुआ और सांस्कृतिक रूप से सम्पन्न इस परिवार में मणि दा अभिरुचियों के साथ बड़े हुए। उनका लम्बा जीवन कई तरह की जीवनयापी कठिनाइयों के बीच गुज़रा। इसी सबके बीच उनका झुकाव गाँधी जी के स्वदेशी आन्दोलन की तरफ़ हुआ और वे गाँधी जी के विचारों से प्रभावित ताउम्र रहे। उन्होंने कला में एक तरह से गाँधी के विचारों की सादगी और दृढ़ता का जीवन भर पालन किया। मणि दा ख़ुद ही कहते थे—"मैं कला में activist नहीं हूँ, मैं कला का activist हूँ।" उनकी रचनात्मक सरगर्मी इस बात की पुष्टि करती है। वे ख़ामोश रहकर काम करते रहे और उन्होंने ख़ूब काम किया। यहाँ मैं उनके कुछ चित्रों की बात विशेष रूप से करना चाहता हूँ।

(1)

भोपाल गैस त्रासदी के बाद इस भयानक विभीषिका पर रूपंकर, भारत भवन ने एक प्रदर्शनी आयोजित की, जिसमें देश के उन प्रमुख कलाकारों के चित्र शामिल थे जिन्होंने इस विभीषिका पर चित्र बनाये हों। इस प्रदर्शनी में मणि दा के चार चित्र 'Visit of a White Crow' नाम से शामिल किये गये। ये चारों चित्र उस हादसे में मारे गये लोगों का और हताहत हुए पेड़-पौधों का, जानवरों और पक्षियों का मार्मिक चित्रण लिये हुए हैं। ये चार चित्र अलग-अलग हैं, किन्तु ये एक भी हैं। विषय-वस्तु के कारण ही नहीं, बल्कि उनके चित्रण और उस हादसे की विभीषिका को नज़दीक से महसूस करने के कारण भी। मणि दा ने इस विभीषिका का प्रभाव सिर्फ़ मनुष्य ही नहीं, पेड़-पौधों, पशु-पक्षियों आदि पर भी चित्रित किया। इस मायने में ये चित्र विशेष हैं। इन सभी चित्रों में 'सफ़ेद कौव्वा' बन अमेरिका भी मौजूद है, जो इस विभीषिका को निरपेक्ष भाव से देख रहा है। एक्रेलिक शीट पर बने इन चित्रों को मणि दा ने तंजाबूर की पारम्परिक शैली का उपयोग आधुनिक ढँग से किया है। चित्रों में रंग भी पारस्परिक न होकर तैलरंग हैं। इन चित्रों में पारस्परिक विधि की जानकारी को आधुनिक उपलब्ध सामग्री से उपयोग किया और अपनी सशक्त भावाभिव्यक्ति दी है। ये चित्र रूपंकर, भारत भवन के संग्रह में मौजूद हैं और इस संग्रह की विशेषता भी हैं।

(2)

यहाँ मैं ज़िक्र करना चाहूँगा मणि दा की एक और विशेषता की, जो उन्हें ईश्वर के वरदान की तरह मिली हुई है। यह है अनुपात में बहुत बड़ी जगहों (अवकाश) का उपयोग करना। मणि दा ने अपने जीवन में कई म्यूरल बनाये जिनमें से उल्लेखनीय है—1963 में लखनऊ के रवीन्द्रालय में बनाया गया पहला सार्वजनिक म्यूरल। रवीन्द्रनाथ टैगोर की जन्मशती के अवसर पर रवीन्द्रालय की शुरुआत हो रही थी और यहाँ म्यूरल बनाने का मौका मिला मणि दा को। यह म्यूरल इक्यासी फीट लम्बा और नौ फीट ऊँचा है। रवीन्द्रनाथ के नाटक 'The King of Dark Chamber' को आधार बनाकर यह म्यूरल बनाया गया।

रवीन्द्रालय की बाहरी दीवार पर ईंटों/टेराकोटा से बना यह म्यूरल अप्रतिम उदाहरण है—कल्पनाशीलता, अलंकरण और संयोजन का। साथ ही इसमें जो बात आकर्षित करती है, वह मिट्टी का बहुविध प्रयोग। मणि दा ने इसे टेराकोटा में बनाया और कई तरह के मिट्टी के आकारों को भट्टी में पकाकर उन्हें यहाँ चस्पा किया। ये भारतीय परम्परा और उसके रूपाकारों का अद्भुत संयोजन है। मणि दा केरल में मिट्टी, टेराकोटा के अनेक ढंग के प्रयोगों से वाकिफ

थे और उनका वह activist जो कला के लिए काम करता है, लखनऊ में उसे विस्तारित करता है। यह दिलचस्प है कि लखनऊ, जहाँ की मिट्टी उतनी ही लचीली और मजबूत है, जितनी केरल की। लखनऊ के इमामबाड़े में लगी टेराकोटा की टाईल्स आज भी उतनी ही चमकदार और मजबूत हैं जितनी शुरुआती दिनों में रही होगीं। मणि दा ने इस स्थानीय मिट्टी को पहचाना और एक ख़ूबसूरत कलाकृति बनायी। इसमें मणि दा की ख़ासियत इस बात में भी दिखाई देती है कि किस तरह उन्होंने इस अटपटी लम्बी-सी दीवार को संयोजित किया। इसमें लगभग सत्रह मानवाकृतियाँ हैं, जो एक उत्सव में मुब्तिला हैं, जिसके अनुष्ठान भी हो रहे हैं और इसमें आसपास का वातावरण भी शामिल है। यह म्यूरल व्यंजना से भरा हुआ है। अहंकार में डूबी रानी सुदर्शना और शक्ति प्रदर्शन को लालायित ढोंगी राजा विक्रम बाहु, दोनों अहंकार में असली राजा को पहचानने में भूल करते हैं और एक मोड़ पर आकर उन्हें अहसास होता है कि न छुपाये जाने वाला बहुअर्थी सत्य तो उनके दिल के अँधेरे कोनों में ही छुपा है। एक चुनौती की तरह उन्होंने इस म्यूरल को बनाया। मणि दा का Sense of Space और उसका विभाजन, फिर उसका संयोजन—यह सब विलक्षण है। दर्शक के पास चकित होने के अलावा कुछ बचता नहीं। शान्तिनिकेतन में हाल ही में किया म्यूरल काले-सफ़ेद रंग में है और निश्चित ही अद्वितीय है। जब मैं उनसे मिलने बड़ौदा गया था, तब बड़े उत्साह से उन्होंने इस म्यूरल के छायाचित्र दिखलाये थे। म्यूरल के प्रति उनकी सहज उत्कण्ठा उन्हें लगातार सक्रिय रखे हुए है। हाल ही में उन्होंने बड़ौदा स्कूल में मौजूद कला-दीर्घा की बाहरी दीवार पर म्यूरल बनाना मंजूर किया, जिसकी तैयारियों में दीवार को साफ़-सुथरा कर उसे एकमत किया गया है और मणि दा ने इस पर बनाये जाने वाले म्यूरल के लिए रेखांकन भी शुरू कर दिये हैं। यह दुर्भाग्य है कि वे उसे पूरा नहीं कर पाये।

(3)

इसी के बाद सम्भवतः मणि दा का ध्यान एकदम देशज सामग्री पर चला गया और उन्होंने टेराकोटा में कई काम किये, जो उस तरह से बड़े तो नहीं थे, किन्तु चार या छः प्लेट लेकर उन्होंने कुछ अद्वितीय काम किये, उनमें से एक है—'WARDROBE DRAMA' इसमें वार्डरोब के बहाने उन्होंने कुछ मानवीय भावों को वार्डरोब में क़ैद किया, जहाँ लटकी हुई पोशाकें नहीं हैं, बल्कि मनोभाव हैं, जो उस वार्डरोब का मालिक है। यह वार्डरोब चार हिस्सों में संयोजित है और हर हिस्सा अपनी कहानी कह रहा है। इसमें टँगे कोट, कपड़े, मफलर या पाजामेनुमा और बच्चों के कपड़े आदि सभी और वार्डरोब की ड्राअर्स भी इस कहानी का विस्तार है, जो एक ड्रामे की तरह मौजूद है। इस शृंखला का एक काम भारत भवन के संग्रह में भी है। (Faces) नाम के इस म्यूरल में चार चेहरे हैं, जो चार हज़ार

ढँग से परिभाषित किये जा सकते हैं। इन चेहरों में एक बात समान है कि ये सभी उपेक्षा, पीड़ा, दुख, मार और परेशान हाल लोगों के चेहरे हैं। इनमें से एक यदि पीड़ा के बोझ से पिचक गया है तो दूसरे की आँखें रो-रोकर सूज गई हैं। दो में से एक लगातार रो रहा है तो अन्तिम अपने रोने को सम्भालते हुए वर्तमान में आने की कोशिश कर रहा है। मणि दा एक ओर तो विशालकाय जगहों (Spaces) को संयोजित करने की महारत हासिल किये हैं, दूसरी तरफ़ सूक्ष्मतम मनोभावों को कुशलता से मिट्टी में बाँध लेते हैं।

(4)

मणि दा का एक चित्र ख़ासतौर पर पसन्द है जिसका शीर्षक है—'Windows' नौ छोटे-छोटे कैनवास को जोड़कर बनाये गये इस चित्र की ख़ासियत Space Division है। मणि दा जहाँ एक तरफ़ विशाल अवकाश को संयोजित करने की विलक्षण प्रतिभा रखते हैं, वहीं दूसरी तरफ़ वे बच्चों की सरलता से Space को बाँट लेते हैं। यह चित्र इसी ख़ासियत को समेटे है। ये नौ खिड़कियाँ हैं जिसमें नौ घटनाएँ घट रही हैं, जिसके नौ पात्र हैं, जिसमें नौ परिदृश्य हैं और इनमें बहुत ही ख़ूबसूरत ढँग से कुछ न दिखाई देने वाली आकृतियाँ हैं, जो इन कहानियों के पात्र हो सकते हैं। ये आकृतियाँ दर्शक की सान्त्वना की तरह दिखाई देती हैं; वास्तव में वे नहीं हैं। देखने पर आभास होता है अपने आसपास की परिचित वस्तुओं का, किन्तु वे सब वहाँ नहीं है। परदा, टेबल, बिस्तर, चादर, फूलदान, बालकनी आदि अनेक ऐसी वस्तुएँ जिन्हें हम यहाँ देखते हैं, किन्तु जान नहीं पाते। मणि दा ने इन सबका अहसास चित्रित किया है। रंग संयोजन पूरे चित्र में गति का आभास ले आता है, जिसमें सब घट रहा है। मणि दा वैसे तो आकृतिमूलक चित्रकार की तरह जाने जाते हैं, किन्तु उनकी विशेषता है कि वे अपने आसपास घट रही घटनाओं में वस्तु के चित्रण में उन मनोभावों को पढ़ लेते हैं जिनसे हमारा सामना रोज़मर्रा की ज़िन्दगी में होता रहता है। मणि दा भावों के चितेरे हैं। वे मनोभावों के शिल्पी हैं। आकारों में अहसास को धड़कते देखना उनकी विशेषता है।

(5)

अन्य कई चित्रकारों की तरह मणि दा भी पिकासो से प्रभावित रहे और इसका प्रत्यक्ष प्रमाण उनके चित्र हैं। मणि दा का सीधा सम्बन्ध पिकासो की चित्र बनाने की Approach से रहा है। हम देखते हैं कि मणि दा जीवन भर उस शैली में अपने को बरतते रहे। अनेक विषयों पर उनके चित्र इस बात के प्रमाण हैं कि विषय-वस्तु के लिए

अपना संसार खुला रखते रहे हैं। इन चित्रों में बहुतायत से न सिर्फ़ मानवाकृतियाँ हैं, बल्कि उनके आसपास का परिवेश, वातावरण और अक्सर जानवर भी दिखलाई देते हैं। ये सब चित्रण अत्यन्त उन्मुक्त ढँग से किया गया है।

मणि दा आकृतियों को पूरा करने में सिर्फ़ आनुपातिक शरीर का ही उपयोग कर रहे हो, ऐसा भर नहीं है, वे उसके आभूषण, कपड़े-लत्तों आदि का प्रयोग उसकी शारीरिकता को पूरी करने में लगाते हैं। विषय भारतीय तो हैं ही, कई बार उनका चयन नोटबुक के पन्ने या स्कैचबुक आदि भी हो सकता है। मणि दा की तीक्ष्ण दृष्टि सिर्फ़ विषय पर ही नहीं टिकती, वे संयोजन में भी उसे बाँटते, बाँधते रहते हैं। एक कैनवास के कई हिस्से कर उन्हें एक चित्र की तरह पूरा करना मणि दा के खेल का हिस्सा रहा है। हर हिस्सा एक सम्पूर्ण चित्र की तरह भी है और पूरा क़िस्सा भी। इस तरह अक्सर कैनवास कई हिस्सों में बँटकर एक हो जाता है और यह एक कैनवास कई क़िस्सों को एक क़िस्से में समेटे रहता है, फिर भले ही उसका शीर्षक 'STUDIO TABLE' क्यों न हो। इन चित्रों में एक ख़ास बात और, जो दर्शक का ध्यान खींचती है, वह उसकी रंग-संयोजन है। मणि दा रंग के सपाट इस्तेमाल पर इतना जोर नहीं देते। वो शायद ही कभी इस्तेमाल हुआ हो। वे रंग लगाते हैं एक टेक्स्चर की तरह। उनका लगा हुआ नीला अपने खुरदुरे होने में भरोसा रखता है। वे नीले को या भूरे को या किसी भी रंग को उसकी अकेली रंगत में नहीं लगाते। उसमें साफ़-सुथरा भरापन दिखलाई देता है। उसके प्रयोग के कारण और ये प्रयोग सीधा-सपाट नहीं है। मणि दा की रंग पैलेट पर रंगों का स्थान निश्चित नहीं है, वे बस वहाँ पर हैं, अपने को दूसरे रंग में मिलाये जाने के इन्तज़ार में। इन रंगों में, रंग प्रयोग से मणि दा उस चित्र के भाव को नियन्त्रित करते हैं। सभी चित्रों का मूल किसी एक विशिष्ट भाव का चित्रण है। मणि दा का सारा ध्यान उस चित्र के भाव पर केन्द्रित रहता है और शेष, आकृति, रेखाएँ, आकार, वस्तुएँ आदि सभी उसका माध्यम बन जाते हैं। यहीं पर मणि दा पिकासो से अलग होते हैं, अन्यथा पूरा चित्र प्रमाण तो पिकासो की फैक्टरी से निकला हुआ लगता है।

इन अर्थों को हासिल करने में मणि दा का सहयोग भारतीय परिवेश का वैविध्य बड़ी मदद करता है। केरल, शान्तिनिकेतन, बड़ौदा यदि सिर्फ़ इन जगहों को ही प्रमाण के तौर पर रखें, तो इन जगहों की संस्कृति, खान-पान, रहन-सहन, वातावरण, परिदृश्य और मानवीय व्यवहार तीन अलग-अलग सभ्यताओं के हैं जिनकी सुषुम्ना रज्जु एक है। मणि दा इन तीनों परिवेश के वैविध्य को उसकी गरिमा और सम्पूर्णता में महसूस करते हैं। इन चित्रों की प्राणवायु यही वैविध्य है, जो मणि दा को भी अपने चित्रों में ब्रश स्ट्रोक के जरिये अभिव्यक्त होने देता है। मणि दा के चित्रों में सधा हुआ बिखराव है। यह बिखराव दर्शक को विचलित करता है, किन्तु बिखराव का संयोजन इतना सधा हुआ है कि दर्शक उसमें बिंधा रह जाता है। मणि दा सिद्धहस्त कलाकार की तरह अपने चित्रों में आकृतियों

की निश्चित सीमा रेखा न बनाते हुए उसे ढीला छोड़ते हैं और एक दूसरे में घुलती-मिलती आकृतियाँ, वस्तुएँ और पार्श्व अपने प्रकटन में बिल्कुल पक्का है। मेरे ख्याल से चित्रांकन का लुत्फ लेते हुए मणि दा अनिश्चितता को अपने चित्र में बुनते हैं। किसी भी वस्तु, आकार और आकृति को एक निश्चित फ्रेम में मणि दा रखते हैं। चित्र की साइज निश्चित है, शेष इस प्रकृति में मौजूद उन प्राकृतिक चीज़ों की तरह है जिसका निश्चय सिर्फ़ रेखांकन से ही किया जा सकता है। मणि दा का उद्देश्य भी सम्भवतः एक सुनिश्चित चित्र बनाना नहीं है, बल्कि उस चित्र में एक भाव का चित्रण है।

वे सक्रिय रहे, जीवन भर ख़ूब चित्र बनाये, ख़ूब काम किया और वे चित्रकला संसार के ग्लैमर से दूर, तड़क-भड़क से दूर, प्रचार-प्रसार से दूर शान्त भाव से, सादगी से, समर्पण से, संलग्नता से, शालीनता से अपना काम करते रहे। कल्पति गणपति सुब्रमनियन ने अपने जीवन के भरपूर बयानवें वर्ष रचनात्मकता, सृजनात्मकता और शिक्षण भरे गुजारे। मेरी अपूरणीय श्रद्धांजलि इस कर्मठ कलाकार को।

04 जुलाई, 2016

स्वतन्त्र चेतना का चित्रकार डी.जे. जोशी

स्वतन्त्र चेतना का चित्रकार : डी.जे. जोशी

मध्यप्रदेश कई कारणों से जाना जाता है। विभिन्न क्षेत्रों के अलावा चित्रकला एक प्रमुख कारण है जिसने मध्यप्रदेश को विशिष्ट पहचान दी। समकालीन भारतीय कला का आधुनिक चेहरा मध्यप्रदेश के प्रमुख कलाकारों—मक़बूल फ़िदा हुसेन, नारायण श्रीधर बेन्द्रे, वासुदेव गायतोण्डे और सैयद हैदर रज़ा— के रचनात्मक सक्रिय योगदान के कारण दिखना शुरू होता है। इन कलाकारों ने न सिर्फ़ आज़ाद हिन्दुस्तान की कला को अन्तरराष्ट्रीय पहचान दी बल्कि उस मुकाम पर भी ले आये जहाँ हर हिन्दुस्तानी गर्व कर सकता है। हर भारतीय का दिल आत्मविश्वास से धड़क सकता है। मध्यप्रदेश के इन्दौर स्कूल ऑफ़ आर्ट से निकले मक़बूल और बेन्द्रे के अलावा डी.जे. जोशी एक और इसी तरह का इन्हीं के बीच का नाम है जिसने देवलालीकर द्वारा शुरू किये गये इस अभियान में बहुत

कुछ जोड़ा और नयी ऊर्जस्वित धारा दी। वे न सिर्फ़ चित्रकार थे बल्कि शिल्पकला का गहन अध्ययन किया और उसमें उनकी गति समान ही थी। डीजे की जीवन शैली से कई युवा प्रेरणा ले सकते हैं और यह जान सकते हैं कि उत्कृष्ट कलात्मक सृजन के लिए धन की आवश्यकता नहीं है न ही साधनों की। बस अदम्य इच्छाशक्ति ही आपको उस मुकाम तक ले जा सकती है जिसे एकाग्र करने की ज़रूरत है। डीजे अपनी इन्हीं योग्यताओं के कारण अच्छे चित्रकार हुए और एक सफल शिक्षक भी।

महेश्वर के ग़रीब ब्राह्मण परिवार में जन्म लेने, पन्द्रह बरस तक पढ़ाई नहीं करने और नदी में तैरने, यहाँ-वहाँ भटकते रहने के सबब से डीजे का स्वभाव यायावरी से बुना जा चुका था। यह भटकन, यह आवारगी डीजे के कर्मों के निर्धारण में निर्णायक हुआ। उनके चित्रों में इस भटकन का जुनून उनकी ताक़त बन उभरा। नर्मदा और उसके इर्द-गिर्द बसी मालवी और निमाड़ी संस्कृति, ओंकारेश्वर, महेश्वर, माँडव आदि अनेक जगहों के अनेकों चित्र उन्होंने जीवन भर बनाये। यही नहीं बनारस, मुम्बई, काश्मीर, उदयपुर आदि शहरों के ख़ूबसूरत दृश्यचित्र दर्शकों को आत्मविभोर कर देते। डीजे सम्भवत: ऐसे चित्रकार रहे जिन्होंने अपने चित्रों की प्रशंसा दर्शकों से और अकादेमिक रूप से अनेक संस्थाओं से पर्याप्त पायी। किन्तु इस बात से बेख़बर वे अपने जुनून का पीछा करते रहे। उनके द्वारा लगाये जा रहे ब्रश-आघात, रंग-योजना, संयोजन आदि अनेक चित्रकारीय पक्षों में वे अनूठे और विलक्षण हैं। उनके चित्रों में भाव सौन्दर्य की चेतना झिलमिला रही है। वे नर्मदा का पानी चित्रित करते हैं और कभी-कभार ही पानी के प्रतिबिम्ब पर एकाग्र होते हैं। उनका लक्ष्य पानी के शरीर को, पानी के आयाम को चित्रित करना होता था, पानी के गुण को नहीं। वे अपनी भाव-भूमि से भू-दृश्य रचते हैं और उस भाव-भूमि में एक चित्रकार की स्वतन्त्र-चेतना की अहम भूमिका है।

हम उस वक़्त की कल्पना करें जब डीजे अपनी आरम्भिक कला-शिक्षा ग्रहण कर रहे थे। वे इन्दौर कला महाविद्यालय की पहली बैच के विद्यार्थी थे। 1927 में दत्तात्रेय दामोदर देवलालीकर द्वारा शुरू किये गये प्रदेश के पहले कला महाविद्यालय में डीजे के साथ अन्य विद्यार्थियों नारायण श्रीधर बेन्द्रे, पी.ए. गावड़े जैसे कला-विद्यार्थी भी थे। यह वक़्त हिन्दुस्तान की गुलामी का था और कला-शिक्षा की बागडोर अंग्रेज़ों के हाथ में थी। भारतीय कला परिदृश्य पर राजा रवि वर्मा का नाम फैला हुआ, घर-घर उनके बनाये सादृश्यमूलक यथार्थवादी देवी-देवताओं के अश्लील-चित्र मौजूद थे। इन चित्रों में चित्रकार की कुशलता का आग्रह नहीं था बल्कि भारतीय संस्कृति की अटूट परम्परा को यथार्थवाद की छैनी से तोड़ने की शुरुआत थी। प्रख्यात कला आलोचक आनन्द कुमारस्वामी, राजा रवि वर्मा के चित्रों को किसी कला-विद्यार्थी के बनाये चित्र कहते थे। उनके अनुसार, ''ये चित्र ऐसे हैं जिसे कोई भी यूरोपियन

छात्र भारतीय जीवन और ज़रूरी साहित्य के अध्ययन के बाद बना सकता है।'' वास्तव में वे यह कह रहे हैं कि यथार्थवादी-चित्र परम्परा में ये चित्र बचकाने हैं। इस तरह स्पष्ट आलोचनाओं के बावजूद भी उस वक़्त रवि वर्मा के चित्रों के प्रचार-प्रसार का गहरा असर भारतीय समाज पर पड़ा। वे अंग्रेज़ों के इस षड्यन्त्र का शिकार हो यथार्थवादी चित्रों को भारतीय चित्रकला की परम्परा मानने लगे। इसमें अज्ञानता की भी बड़ी भूमिका रही। इस यथार्थवाद के गुलाम-षड्यन्त्र में डीजे चित्रकार की स्वतन्त्र-चेतना नहीं फँसी। डीजे ने वैचारिक प्रबल विरोध की जगह चाक्षुक 'प्रकट' विरोध का स्वर फैलाया। वे अपने उत्साह और जुनून में 'स्व' के नज़दीक पहुँचे। इन्दौर स्कूल में दाख़िले के वक़्त डीजे की उम्र मात्र सोलह वर्ष की थी। कच्ची उम्र और परिपक्व सोच के साथ डीजे ने अपने को कला-शिक्षा में इस तरह झोंक दिया था कि उन्हें समय का ध्यान भी नहीं रहता, उन्हीं के शब्दों में, ''मैं ही एक ऐसा विद्यार्थी था जिसके कारण स्कूल के दरवाज़ों का बन्द होना रुक जाया करता था। चपरासी धन्नालाल जी कहते जोशी अब कल बाक़ी रहा वह करना। समय का सदुपयोग करना यह मेरा स्वभाव ही था।'' डीजे के आरम्भिक चित्रों में भी यथार्थवाद का प्रभाव नज़र नहीं आता। न ही वे अपने गुरु देवलालीकर की शैली, जिसमें भरपूर लयात्मकता थी, का अनुसरण करते दीखते। वे अपना स्वतन्त्र 'आत्म' रच रहे थे जिसका अहसास उनके चित्रों में होता है। वे अंग्रेज़ों द्वारा बतायी गयी तथाकथित 'भारतीय चित्रकला' के चित्रकार नहीं बने बल्कि अपनी अन्त:प्रज्ञा से चित्र बनाते रहे। तत्काल प्रसिद्धि दिलाने वाले यथार्थवाद को तज उन्होंने अपने स्वभाव को चुना। वे गुलाम नहीं थे न चापलूस। वे बेख़ौफ़ बोलने वाले बेचैन कलाकार थे।

भारतीय समकालीन चित्रकला की दो मुश्किलें रही हैं जिसके कारण उसका सीधा सम्वाद समाज से नहीं हो पा रहा है। एक, आज़ादी के बाद ऐसा कोई कला-आलोचक नहीं हुआ जिसे सम्पूर्ण भारतीय कला पर सोचने-विचारने का समान अधिकार हो। उससे ज़्यादा बड़ी मुश्किल यह रही कि अधकचरी कला-समझ रखने वाले, अवसाद-ग्रस्त, ग़ैर जिम्मेदार कला-शिक्षक अपने-अपने ढंग से कला को बाँचते-बखानते रहे। अन्यथा किस आधार पर राजा रवि वर्मा को भारतीय आधुनिक कला का पितामह कहा जा सकता है? अपने अन्धत्व में उन्हें सुदीर्घ भारतीय परम्परा के रस में मौजूद अमूर्तन में नहीं दीखता न ही वे कला में मौजूद प्रबल भाव-पक्ष को देख पाते हैं। डीजे की तीक्ष्ण दृष्टि और स्वतन्त्र मन ने भारतीय मानस की बहुवचनात्मकता को महसूस किया। वे इस देश की माटी की विविधता और सांस्कृतिक बहुलता के सादगी भरे आडम्बर से परिचित हुए। उन्होंने लोक-जीवन की सचाई को, उसके अभाव को, उसके आत्मसम्मान को पहचाना। वे जन-जीवन के कुचले गये आत्म को अपने रंगों के मरहम से ताउम्र उपचारित करते रहे। डीजे के पास संस्कारित आत्म था, संशोधित जुनून था, परिष्कृत समझ थी जिससे वे स्वतन्त्र-चेतना के रंग अपने दृश्यों में लगा रहे थे। उन्हें प्रकृति में मौजूद विराट अमूर्तन का अहसास हुआ।

यह आत्म विश्लेषण का नतीजा हो सकता है। उन्हें इस अमूर्तन में रस का संचार मिला जिसे वे चित्रों में ले आये। वे स्वयं यायावर रहे किन्तु रंगों ने उनके चित्र में स्थान पाया।

बाद में डीजे उसी इन्दौर स्कूल के प्राचार्य हुए। देवलालीकर जो उनके गुरु थे, बेहद अनुशासित और गुस्सैल शिक्षक थे। डीजे उनके विपरीत थे। वे विद्यार्थियों से मित्रवत् व्यवहार करते। वे कहते हैं, ''गुरु को विद्यार्थी का दिल नहीं तोड़ना चाहिये। उँगुली पकड़कर मुक्ताकाश में विचरण कराना चाहिये। उसे सहारा देना चाहिये दृष्टि नहीं। दृष्टि तो विद्यार्थी की ही होना चाहिये। उसके विकास में मदद करना चाहिये। मैंने तो यहाँ तक किया कि मेरे विद्यार्थी मुझे अपना मित्र मानते थे।'' मेरे ख्याल से एक परिपक्व आदमी और निर्दोष चित्रकार ही इस तरह अपने विद्यार्थियों को मित्रवत् मान उनके साथ व्यवहार कर सकता है। डीजे ने यह किया और लगता है यह परिपक्वता डीजे को अपनी यायावरी में प्राप्त हुई।

वे पाँचवीं पास नहीं थे किन्तु ढाई आखर का पाठ पढ़ चुके थे।

डीजे की घुमक्कड़ी ने उनकी राह प्रशस्त की। उनकी बेधड़क बेचैनी से शान्त रंग-प्रयोग उपजा था। वे निडर हो अपने चित्रों में स्वतन्त्रता की चेतना जगाते रहे। वे रंग नहीं रंगानुभूति लगाते थे। वे चित्र नहीं आत्म रचते रहे। डीजे स्वतन्त्र भारत के उन प्रारम्भिक चित्रकारों में से हैं जिन्होंने अपने कर्म से ख़ुद को सिद्ध किया।

देवकृष्ण जटाशंकर जोशी की राह कठिन परिश्रम और कड़े अभ्यास से खुली। उन्होंने अपने को एकाग्र किया प्रकृति के निरन्तर बदलते विविध रूपाकारों की अनूठी आभा पर और इस लगातार हो रहे बदलाव की चंचलता को उसी उत्साह और निरे जुनून से कैनवास पर उतारा। उसके अनुरूप शैली विकसित की। वे प्रभाववाद के चित्रकार हैं। और डीजे के चित्रों का प्रभाव गहरा है।

इन्दौर के कला-समय में डीजे अविस्मरणीय कलाकार की तरह जाने जाते हैं। मद्रास, नई दिल्ली, मुम्बई, बड़ौदा, नागपुर, अमृतसर, शिमला, त्रिवेन्द्रम, उज्जैन यानी वे इन सभी जगहों पर आयोजित होने वाली कला-प्रदर्शनियों में से अधिकांश में स्वर्ण पदक पाये। मध्यप्रदेश शासन ने उन्हें शिखर सम्मान प्रदान किया। महेश्वर जैसी छोटी-सी जगह से निकलकर डीजे भारतीय कला के क्षितिज पर छा गये। उनकी प्रसिद्धि उन्हें छू तक नहीं गई थी। वे साधारण ढंग से रहते और विलक्षणता से चित्र बनाते। वे अकेले ऐसे चित्रकार थे जिनके सम्बन्ध बाद की पीढ़ी के युवा चित्रकारों के साथ स्नेहपूर्ण और ज़िन्दा थे। अपने काम में व्यस्त और मस्त डीजे के घर जब भी हम विद्यार्थी गये थे, वे किसी नये कैनवास पर काम करते हुए ही मिलते थे और पास ही में पूरा हुआ नया चित्र रखा होता था। वे इतने सक्रिय थे कि रश्क होता। उनके पास ढेरों क़िस्से होते जिसे उन्होंने अपनी आवारगी में

बटोरा था और जिसमें उनका देखना छुपा होता। वे सुनाते और एक नया चित्र बनता चला जाता। उनके लिए भी एक नयी कल्पना उड़ान का रोमांच कम न होता।

रूपंकर, भारत भवन की आधुनिक कला दीर्घा में डी.जे. जोशी के बनाये चित्रों में से कुछ प्रदर्शित हैं। यह प्रदर्शनी अपने में उल्लेखनीय इसलिए भी है कि इसमें प्रदर्शित कई चित्र सम्भवत: पहली बार ही प्रदर्शित हो रहे हैं। डीजे के कामों की संख्या इतनी अधिक है कि उसमें पहले बने चित्र लगभग भुला दिये जाते रहे हैं। इस प्रदर्शनी में बड़ी संख्या में चालीस-पचास के दशक के चित्र शामिल हैं, जो इस प्रदर्शनी को दिलचस्प बनाते हैं और दर्शक एक चित्रकार की लम्बी यात्रा और डीजे की आवारगी के प्रमाण देखता चलता है।

चन्द्रेश सक्सेना

चित्रकला के क्षेत्र में मेरी दख़ल का श्रेय सक्सेना सर को है। मुझे आज तक उनके जैसे सुलझे विचारों वाला, अहंकार से रिक्त, सृजनशील व्यक्ति नहीं मिला। सक्सेना सर की दृढ़ता और ठीक उसी वक़्त उनकी प्रांजलता किसी भी व्यक्ति को प्रभावित करने की क्षमता रखती थी। मेरे पिता स्वयं चित्रकार थे और इस कारण हमारे घर चित्रकारों का जमावड़ा रहा करता था। घर आने वाले अनेकों चित्रकारों में से जिन्होंने मुझे प्रभावित किया, और जिनसे मैंने ख़ुद सीखना चाहा वे सिर्फ़ चार रहे— सक्सेना सर, रामनारायण दुबे सर, जवरचंद दस्सानी और धवल क्लान्त। ये चार कम ही आते थे और ख़ूब स्नेह करते थे। मैंने पाया स्नेह सभी से। सभी ने कुछ न कुछ दिया, किन्तु इन चार लोगों के बग़ैर शायद मैं कुछ भी करने की कल्पना नहीं कर पाता।

पिता से जाने-अनजाने ही सीखा। इन सब में विशिष्ट दर्ज़ा मैं सक्सेना सर को ही दे पाता हूँ। आज भी जब मैं किसी मुश्किल में पड़ता हूँ तब सक्सेना सर की ही कोई बात मुझे आश्चर्यजनक रूप से उस मुश्किल से बाहर

ले आती है। उनका हर वक़्त साथ रहना मेरे लिए उस्ताद का आशीर्वाद है। कला का संसार तथाकथित गुरुजियों से भरा हुआ है। यहाँ गुरुजी नहीं 'उस्ताद' से काम चलता है।

'गुरुजी' शब्द सुनते ही एक पिटा हुआ चेहरा, दया की भीख माँगता हुआ, टपकने को होता है जिसकी सेवा करो तो ही मेवा मिलेगी का आश्वासन उसके चेले देते फिरते मिलेंगे, किन्तु यह उस्ताद सिखाता है इस 'देह धरे के दुःख' को समझना। इस ना चाही ज़िन्दगी के असीम दुःखों को कमतर दुःख में बदलना। कला म पुरस्कार की कामना में किसी की चापलूसी न करना, या किसी अकादेमी या संस्था का मोहताज़ न होना। यह उस्ताद ने ही सिखाया कि विपरीत हवा में परवाज़ न भरो। न ही किसी चित्र को मामूली समझो।

ख़ूबसूरती चेहरे में नहीं एक अँगुली में भी है। प्रकाश में देखो। प्रकाश में चेहरे पर हरा रंग देखो। मँझोली समझ से न डरो और न उनसे लड़ो। सर झुकाओ समझ के आगे। विनय से काम लो।

उस्ताद का आशीर्वाद है। गुरुजी की फ़िक्र नहीं। यह चौबीस वाक्य मैं सादर चन्द्रेश सक्सेना को, जो हमारे प्राचार्य रहे, जिन्हें हम हमेशा 'सक्सेना सर' सम्बोधन से पुकारते रहे, समर्पित करता हूँ।

गुस्से से लाल होते कान और अपनी आवाज़ पर काबू पाते हुए सक्सेना सर ने कहा, 'तुम्हें पता है रंग कैसे लगाया जाता है?' और फिर उनका एक लम्बा भाषण शुरू होता है जो रंगों पर ही नहीं होता।

कैनवास के जूते, सफ़ेद पेंट और सफ़ेद शर्ट पर आधी बाँह का सामने से खुला स्वेटर पहने, अपने काले बालों को करीने से पीछे जमाये कॉलेज में आने वाले पहले व्यक्ति होते थे। किसी ने उन्हें कॉलेज आते नहीं देखा।

मध्यप्रदेश के पहले प्रोफ़ेसर और नाक पर गुस्सा लिए मशहूर सक्सेना सर जे.जे. स्कूल ऑफ आर्ट और शान्तिनिकेतन, पूर्व और पश्चिम का अद्‌भुत समन्वय थे। अहिवासी मास्साब, प्रोफ़ेसर लैंधेमर और नन्दलाल बोस, विरोधी विचारों के बीच की कड़ी थे।

माण्डव, धार, उज्जैन, खजराना, राला मण्डल और सफ़ेद चर्च के दीवाने। दृश्य चित्रण में लाजवाब। उतने ही सिद्धहस्त व्यक्ति चित्रण में और अमूर्तन में। मँझोली समझ के दुश्मन और दुश्मनों के लिए कलर ब्लाइण्ड।

जिज्ञासु छात्रों के लिए उदार और कर्मठ। लफंगों के लिए दुष्ट और कठिन। सक्सेना सर के कई रूप थे, जो प्रकट होते थे।

एक बार उन्होंने बतलाया कि वे कैसे अपने गुस्से पर काबू पाते हैं। अपनी जेब से चाबी का गुच्छा निकालकर एक दराज़ खोली। फिर दराज़ से चाभी निकालकर सामने रखी अल्मारी खोली। फिर अल्मारी से चाभी निकालकर चित्र रखने वाली दराज़ खोली और उसमें से चाभी निकालकर फाइलों वाली अल्मारी में सबसे पीछे रखा काला रूल निकाला। बोले— 'यहाँ रखता हूँ इसे, और इस तक पहुँचते-पहुँचते मेरा गुस्सा ठण्डा हो जाता है।'

हमने उन्हें गुस्सा होते हुए देखा कम, सुना ज़्यादा। गुस्से के क़िस्से। कुछ सच ज़्यादातर झूठे।

हमारे साथ प्यार और स्नेह। समझ और कर्त्तव्य। सक्सेना सर ने शहर के नकली गुरुओं का भी असली कलाकार की तरह परिचय कराया। उन्हें कोसने वाले और उनका मखौल उड़ाने वालों को पता न था जब वे यह कर रहे होते थे। सक्सेना सर हमें उनकी विशेषता, उनकी योग्यता और उनके गुण बता रहे होते थे।

'गुरु के सम्मान में चुप नहीं रहना, गुरु से बात करना सीखो।' इस बात के अर्थ कई सालों में खुले। सम्मान के पीछे अज्ञानता मत छिपाओ। बात कर अपने विश्वास को मजबूत करो। श्रद्धा रखो और ख़ूब सीखो। सीखो और बाँटो। बाँटो और जानो। जानो और जियो।

मातीस, पिकासो, वॉन गॉग के चित्रों की विशेषता का न सिर्फ़ ज्ञान बल्कि उसका विवरण भी उनके पास था। आरा, रज़ा और हुसेन की कला की गहरी समझ। यह समझ न सिर्फ़ उन्हें थी, बल्कि इस समझ को बाँट सकने का सहज ज्ञान उन्हें था।

भारतीय और पाश्चात्य कला का सम्मिश्रण और इस सम्मिश्रण में पाश्चात्य पाबन्दी और पूर्वोत्तर लापरवाही का समझ भरा उपयोग सक्सेना सर की ख़ासियत।

कब छात्रों को छूट देना, कब उन्हें कसना है इसका अद्वितीय उदाहरण सक्सेना सर रहे। ज़्यादातर शिक्षक अपने छात्रों को न समझते हैं, न समझना चाहते हैं। सक्सेना सर के सम्बन्ध अपने समकालीनों से कम छात्रों से ज़्यादा थे।

गज़ब का सेन्स ऑफ ह्यूमर और साथ ही अज़ब गम्भीरता। अपने पर हँसना और जीवन में सम्भलना, यह दोनों हमें उनसे ही मिला।

कभी-भी किसी भी बात पर छूट लेना और किसी भी तरह की टाल-मटोल करना, इन्हीं दो बातों से चिढ़ हो सकती थी उन्हें।

कठोर अनुशासन में नियम। नियम से छात्रों का सहज सम्बन्ध। इसकी सीख सरलता से, कठोरता से और प्रेम से उन्होंने लगातार दी। ऊपर से सख़्त भीतर से सहृदय।

विचारों की सादगी। सादगी में सरलता। सरल गम्भीरता। गम्भीर वैचारिकता के एकमात्र चित्रकार, सक्सेना सर। शैलोज बाबू से सीखना चाहिए, ऑरेन्ज़ के साथ नीला लगाना। आपको आश्चर्य होगा वे सिद्धहस्त थे। सक्सेना सर ऑरेन्ज़ के साथ नीला लगाते थे। साथ ही पीला भी। शैलोज मुखर्जी, अपने गुरु को, काँपता पीला समर्पण। इसी काँपते पीले के बीच प्रकट होता था ऑरेन्ज़ और नीला। झिलमिलाता। चमकता।

इसी काँपते पीले के पीछे चेहरे पर हरा लगाया तब हुए सक्सेना सर, 'कलर ब्लाइण्ड' कहलाये। कला की भोथरी और गुलामी भरी समझ रखने वाले आज भी, सक्सेना सर के रंगों की समझ और परम्परा को नहीं जान पाये। सक्सेना सर के आतंक के किस्सों में हम लोगों का सिगरेट पीना मुश्किल और इन्हीं मुश्किलों में एक दिन उनके द्वारा सिगरेट ऑफ़र करना हम लोगों का एक विस्तार।

बात सिगरेट की हो या रंग की, फॉर्म की हो या लकीर की, सक्सेना सर के चार घंटों वाला लैक्चर हमें प्रिय था। यह सब ख़ूब सीखा या ख़ूब नहीं सीखा, समझा।

कठोर अनुशासन का कारण आज समझ में आता है। किन्तु सक्सेना सर के यह निर्देश कि, 'यदि बच्चे दोपहर दो बजे तक रुककर काम करें तो उन्हें कॉलेज की तरफ़ से चाय-नाश्ता उपलब्ध कराने की जिम्मेदारी, मेहता बाबू आपकी है।' यह एक सहृदय प्राचार्य, अति-सम्वेदनशील मनुष्य और एक प्रतिभाशाली चित्रकार का ही गुण है। सादगी, गहरी सम्वेदना, खुले विचार, कठिन परिश्रम, गहन अध्ययन, प्रांजलता और दृढ़ता आदि अनेकों गुणों में से कुछ हैं जो अभी उनके सन्दर्भ में याद आते हैं।

रॉबिन के क़िस्से

रॉबिन के क़िस्से

रॉबिन यदि मूर्तिकार नहीं होते तो वे निश्चित ही एक महत्त्वपूर्ण लेखक होते। ऐसा मैं इसलिए कह रहा हूँ कि पिछले तीस सालों में मैंने जाना कि रॉबिन क़िस्से गढ़ने में इतने कुशल हैं कि सुनने वाले के सामने दृश्य उभरने लगते हैं। वे साधारण-सी घटना को कुछ सामान्य विवरण के साथ ही सुनायेंगे और इस सुनाने के ढँग में कोई वाक्य-बल प्रयोग नहीं करते, जिसमें चौंका कर ध्यान खींचा जाता है वे सिर्फ़ क़िस्से को एक लय में शुरू करेंगे। शुरुआत थोड़े विवरण के साथ। धीरे-धीरे उसके विस्तार में रॉबिन कब चले गये, इसका अहसास श्रोता को सिर्फ़ इसलिए नहीं होता कि वे उस क़िस्से का हिस्सा बन चुके होते हैं। चाहे वो साईकिल के दिनों में कॉलेज से घर जाने की जद्दोजहद का क़िस्सा हो या बाईबिल से मत्ती का बयान। रॉबिन की विशेषता उसे रोचक और रोमांचक बना देती है।

मैं अक्सर सोचता रहा कि ऐसा क्या है, जो रॉबिन को अपने समकालीन से अलग करता है। इसका कोई एक उत्तर अभी तक नहीं मिला और जो मिले वे कई उत्तर हैं।

स्वयं का सटीक, सही आकलन करना कोई भी रॉबिन से सीख सकता है, जिसमें एक बड़े स्तर पर नीति भी

शामिल है। वे अपने क़िस्से में उतना ही सच डालते हैं जिस पर श्रोता टिका रहे। किस्से की रचनात्मकता भी इसी नीति का एक हिस्सा है। वे क़िस्से को रचते जाते हैं और इस रचना में वे कभी उन दिशाओं में नहीं जाते, जो किसी सीमा के बाहर है। इसका ख़ास ख्याल रखने की नीति भी उनका साथ देती है कि वे दो क़िस्सों के सच को मिला न दें। एक क़िस्सा सुनाते वक़्त सिर्फ़ एक ही रचना पर काम करने का कठिन परिश्रम उन्हें सुहाता है।

अगली ख़ासियत उनकी यह है कि क़िस्से में आकस्मिकता का रूप सहज ही रखते रहे, वे क़िस्से में बिला वजह का चमत्कार न डालते हुए उस पूरे क़िस्से को एक चमत्कार की तरह बरतते हैं। इसी दौरान उस गढ़े जा रहे क़िस्से में आ रही व्यवहारिक समस्याओं को वे वहीं सुलझाते जाते हैं और ये समस्याएँ हर क़िस्से की अलग हैं, इसलिए उनके पास पूर्वाग्रह की कमी होती है, बल्कि रॉबिन के पूर्वाग्रह बिल्कुल नहीं हैं, वे तथ्यों को उसी तरह स्वीकार करते हैं जैसे वे सामने आते हैं। इसी कारण उनके क़िस्सों की रोचकता बनी रहती है।

अस्सी के दशक में ग्वालियर कला महाविद्यालय से कई प्रतिभाशाली कलाकार निकले— विवेक, अनिल कुमार, स्वर्णकार, मुश्ताक खान, जया, सीमा घुरैया, अनवर, विजय शिन्दे, किन्तु रॉबिन अकेले ऐसे हैं जिनमें प्रतिभा के साथ-साथ दूसरी कई ख़ूबियाँ भी शामिल हैं। जिनमें से एक यह भी थी कि अपने से कमतर पुलिस रिकार्ड वाले कलाकारों को भी उन्होंने आगे बढ़ाया, उनकी भरपूर मदद की, उन्हें प्रोत्साहित किया, जो अन्य कोई नहीं कर सका। इसका एक कारण यह भी है कि रॉबिन में आत्मसम्मान बहुत है, जिससे वे अपना विश्वास पाते हैं। इसी विश्वास से वे अपनी उपलब्धि को ईर्ष्या का विषय नहीं बनने देते, न ही दूसरों की उपलब्धि से ईर्ष्या के भाव में डूबते। यह कम ही कलाकार कर पाये। ग्वालियर से निकले इन कलाकारों में रॉबिन अकेले ऐसे कलाकार भी रहे जिसने दूसरों का सम्मान किया और दूसरों से सम्मान पाया। मुझे लगता है जिन दूभर परिस्थितियों में रॉबिन ने अपना बचपन बिताया, उसमें उनका बचपन उपेक्षित नहीं रहा। घर में माता-पिता का भरपूर स्नेह और अपनापन उनके भीतर एक गहरी जिम्मेदारी का अहसास जगा गया, जिसका उजला रूप इन क़िस्सों में दिखलायी देता है।

रॉबिन के व्यवहार में न सिर्फ़ दूसरों के प्रति जिम्मेदारी का भाव है, बल्कि अपने प्रति भी। शरीर की सुरक्षा हो या रोज़गार। वे चौकन्ने हैं अपने परिवार के प्रति जिम्मेदारी के लिए और इस जिम्मेदारी को निभाने के लिए संसाधनों के प्रति भी। यहाँ उनकी नैतिक जिम्मेदारी उनकी नीतियाँ और उनका क्रियान्वयन सब साफ़-सुथरा और प्रांजलता लिए है।

क़िस्सा गढ़ने की जिम्मेदारी निभाते हुए भी यही साफ़-सुथरापन और प्रांजलता रॉबिन की विशेषता है। रॉबिन के क़िस्सों का अतिरेक उस क़िस्से का अतिरेक है जो अपनी सीमा की शालीनता में प्रकट होता है। रॉबिन कभी भी किसी ऊलजलूल और अव्यावहारिक विस्तार में नहीं जाते। यहाँ हमेशा उनकी सहज बुद्धि उन्हें उस अनावश्यक

भ्रम से बचाती रही है। किसी भी समस्या से टकरा कर हल खोजने वाला, या कि अँधेरे में समस्या सुलझाने वाला व्यवहार उनका नहीं रहा है। वे दृढ़ और निश्चयी स्वभाव से अपना क़िस्सा आगे तराशते जाते हैं।

जब मैं पहली बार रॉबिन से ग्वालियर में मिला था, तब शायद दूसरे दिन ही भरी दुपहरी में मुझे वे अपनी सबसे प्रिय जगह ले गये थे— 'एक पत्थर की बावड़ी'।

उस एकान्त उजाड़ में पहाड़ के ऊपरी हिस्से तक रॉबिन मुझे क़िस्सा सुनाते ले गये थे। रॉबिन का क़िस्सा उन मूर्तियों और उसके सामने लटकती लाशों के बारे में था। उन दिनों ये स्थल आत्महत्या के लिए सबसे उपयुक्त था। अनेकों निराश युवाओं ने अपनी इहलीला यहाँ समाप्त की। कई बार पूरा दिन गुज़ारने के बाद रॉबिन का ध्यान इस तरफ़ जाता। सुनसान पहाड़ी पर चौबीस मूर्तियों के समक्ष लटकी हुई लाश का एकान्त किसी भी युवा को विचलित करने के लिए काफ़ी था। दूसरी तरफ़ वहाँ सैकड़ों मधुमक्खियों के छत्ते और हज़ारों उड़ती भिनभिनाती मधुमक्खियाँ उस निर्जन में मानो मरने वाले के लिए शोक-संगीत बजा रही हो। वह जगह विचित्र थी, जहाँ एक ओर चौबीस विशालकाय पँक्तिबद्ध मूर्तियाँ हैं निश्चल, निर्विकार और उस निस्तब्ध वातावरण में चपल, चमकती, उड़ती मधुमक्खियाँ। मरने पर वे वहीं गिर जाती होंगी। वहाँ सैकड़ों मधुमक्खियाँ मरी पड़ी थीं।

उस दिन मरी हुई मधुमक्खियों के कालीन पर चलते हुए चौबीसों तीर्थंकरों की विशालकाय मूर्तियाँ देखी थीं। ये विशाल मूर्तियाँ किसी को भी स्तब्ध कर सकती हैं। रॉबिन के क़िस्सों की ख़ूबियों का एक गहरा सम्बन्ध इन मूर्तियों में भी छुपा है। इस एकान्त की भव्य सादगी, दृढ़ उपस्थिति, अनमोल सौन्दर्य, विलक्षण सृजनात्मकता और सधी हुई आकस्मिकता अनजाने ही रॉबिन के देखने का अंग बन गयी। बाद में मैंने ग्वालियर के किसी कलाकार से बरसों तक एक पत्थर की बावड़ी का ज़िक्र नहीं सुना, बल्कि कईयों ने उसे देखा भी नहीं। उस एकान्त उजाड़ में मौजूद उन चौबीस तीर्थंकरों ने रॉबिन के क़िस्से गढ़ने को वो सब आयाम दिये जिनसे मुखातिब होने की चाह लगभग हर मूर्तिकार की होती है।

एक छोटी-सी घटना सुनाना चाहूँगा— एक शाम भारत भवन में, वागर्थ के बाहर वाले चौक, जिसे स्वामीनाथन बन्दर चौक कहते थे, स्वामी जी के साथ मैं बैठा हुआ था और सामने सीढ़ियों से रॉबिन उतर रहे थे। स्वामी जी ने कहा— "रॉबिन के पास जो विशाल शिल्प (Monumental Scupture) की समझ है, वह मध्यप्रदेश में किसी के पास नहीं है।" तब तक मेरा सामना रॉबिन के ऐसे किसी शिल्प से नहीं हुआ था। बाद में 'वी वाण्ट पीस इन दि सी' (1991), 'एनवॉयरमेण्टल मैन' (1980), 'फाउण्टेन' (1980), 'एक्सबरएन्स' (1994), 'टुगेदर' (1994) देखे और हर बार स्वामी की यह बात याद आती रही। स्वामी ने रॉबिन के लिए लिखा है :

"रॉबिन डेविड के काम आधुनिक परम्परा से ओतप्रोत हैं। ये सच में मुहावरेदार शैली का मास्लोवियन ग्रहण है।

यहाँ कोई आडम्बरी हाव-भाव नहीं है। पशु और मानवाकृति का सन्दर्भ छू लेने भर का है। रूप का प्रकट होना और तट पर डूब जाना दिखलाई देता है। जैविक आकर्षण की तरंगित हलचल जैसे-जैसे पत्थर कटता जाता है, अपना जमा हुआ रूप अर्जित कर लेती है। न घटायी जा सकने वाली संघनित अवस्था कलाकार की छैनी के संगीत से जगाये जाने पर पत्थर वक्रीय रूपरेखा पा लेता है।''

उन्नीस सौ पचास में जन्मे रॉबिन का अब तक का जीवन अनेकों क़िस्सों से बना-बुना है। क्या इन क़िस्सों की स्मृति रॉबिन के शिल्पों में दिखलायी देती है? यह एक मुश्किल प्रश्न है। मैं इन शिल्पों की विशाल उपस्थिति को किसी क़िस्से से तुलना कर उन्हें कम करने का साहस नहीं कर सकता, न ही मैं यह देख पाता हूँ कि ये शिल्प क़िस्सों के मोहताज हैं। इन शिल्पों में वैसी ही दुर्लभता है, जो सिर्फ़ इन शिल्पों की हो सकती है। ये शिल्प रॉबिन की अब तक की यात्रा के पुख़्ता प्रमाण हैं या शायद 'पत्थर-प्रमाण' हैं। इन शिल्पों में रॉबिन ख़ूबसूरती से उस यात्रा को तराश देते हैं, जो उनकी अपनी यात्रा है। रॉबिन का मन किसी क़िस्से को विस्तार से कहने का आदी है, किन्तु इन शिल्पों को तराशते वक़्त वही धीरज देखा जा सकता है, जो क़िस्से के विस्तार का है। दरवाज़े, खिड़कियाँ, बेहद सफ़ाई से चमकायी गयी परत, सीढ़ियाँ, झरोखे आदि अनेक रूपाकार शायद इन शिल्पों में छुपे राजकुमार और राक्षसों के बीच फँसी अबला राजकुमारी के उस स्वप्नलोक को दर्शकों के सामने उपस्थित कर देते हैं। वह हतप्रभ-सा इन विशाल उद्ध्वस्त, जिसकी कल्पना वह इन शिल्पों को देखने की शुरुआत में कर लेता है, महलों की वीरान आभा में खो जाता है। वह एक पत्थर की बावड़ी का उखड़ा सच और उसमें बसे तीर्थंकरों की महिमा दोनों का साक्षात्कार करता है।

रॉबिन अपने शिल्पों में उतना ही सच तराशते हैं जिस पर दर्शक टिक जाये।

रॉबिन के शिल्पों में आधुनिक परम्परा का समावेश होने से वे इन शिल्पों को व्यावहारिकता से रचते हैं और आने वाली हर समस्या का निदान उसी पत्थर के अनुरूप होगा, यह तय है।

चूँकि रॉबिन के पास अपने पूर्वग्रह नहीं हैं, अत: वे सब परिस्थितियों में काम कर सकने की क्षमता रखते हैं, चाहे वो मकराना की गलियाँ हों या ग्वालियर कॉलेज के बाहर का मैदान, जो जून की गर्मी से जलकर भूरा हो चुका है या कि विदेश की उन अनजान ठण्डी जगहों पर जिससे रॉबिन का परिचय सिर्फ़ उसी दिन हो रहा है जब काम शुरू किया जाना है।

जब स्वामी 'आधुनिक परम्परा' कह रहे हैं तब इस पर विचार करना ज़रूरी हो जाता है कि यह आधुनिक परम्परा क्या है। इसके विस्तार में जाने का अवकाश यहाँ नहीं है, संक्षेप में ही यहाँ इशारा-भर कर रहा हूँ। पश्चिम में तथाकथित आधुनिकता की शुरुआत हुई उसका दावा किया जाता रहा है, इस आधुनिक समय में चार महत्त्वपूर्ण शिल्पी हुए हैं। ज्योकोमिति जिन्होंने शिल्प से वॉल्यूम घटाकर उसे लगभग रेखांकन के स्तर पर रचा। हेनरी मूर,

जो जीवनभर शिल्प के वॉल्यूम को लेकर ही काम करता रहे। बॉक्रुसी जिसने शिल्प में गति के विचार का निवेश किया और मार्शल दूशॉं ने इन सबसे अलग बने-बनाये (रेडीमेड) को ही शिल्प की तरह बरता। इन सब शुरुआतों की पिछले सौ सालों में बाकायदा एक परम्परा बन चुकी है।

रॉबिन के शिल्पों को जब हम देखते हैं तब ये शिल्प हेनरी मूर के ख्यालातों के आसपास टहलते नज़र आते हैं। इनमें बहुत कुछ ऐसा है जिसे हेनरी मूर की आधुनिक स्थापनाओं से मापा-जाँचा जा सकता है। निश्चित ही रॉबिन के शिल्प मूर के शिल्पों की नकल नहीं हैं, न ही विषय मूर के आसपास है। रॉबिन शिल्प तराशने की आधुनिकता का अपनी कल्पना में निवेश करते हैं और यह कल्पनाएँ एक पत्थर की बावड़ी के निर्जन एकान्त से आती हैं। रॉबिन का सम्बन्ध अपने आसपास से है जिसे वे आधुनिक ढँग से साधते हैं। वे काटते हैं पत्थर, रचते हैं परम्परा, जिसका अहसास उन बिताये हुए क्षणों में हुआ था, जहाँ वे मधुमक्खियों के सान्निध्य में इन चौबीस तीर्थंकरों से अपना एकान्त साझा कर रहे थे। आधुनिकता को शुरू हुए इतने साल हो गये कि अब वह ख़ुद एक परम्परा में तब्दील हो गयी है और इस परम्परा में कई कलाकार काम कर रहे हैं। इन आधुनिक पारम्परिक कलाकारों की समझ अपने समय की सचाई से संचालित है। रॉबिन के इन शिल्पों के विषय 'हिन्द महासागर की मछलियाँ', 'पर्यावरणीय चेतना', 'फव्वारा' आदि भी हो सकते हैं या कि वे 'बिना शीर्षक' भी अपनी ओर आकर्षित कर सकते हैं। इस आधुनिक परम्परा में कल्पना के आयाम का कोई छोर पाना इतना आसान नहीं होगा। वे 'आदम और हव्वा' से लेकर 'रेशम के कीड़े' तक या कि इसके इतर भी टहलती-भटकती-अटकती रह सकती है। आधुनिकता के अनेकों दुष्प्रभाव के बाद भी उसके कई उजले पक्ष में से एक यह भी हैं कि इसी दौर में मनुष्य के मन का मकड़जाल नष्ट हुआ है। उसकी दृष्टि का विस्तार, विकास समय में बँधे विषयों को खोलने में भी हुआ।

रॉबिन इसी आधुनिक परम्परा में काम करते हुए अपने शिल्पों में समय का सच बुनते हुए उन्हें कल्पना की उस ऊँचाई पर ले जाने में सक्षम हैं, जहाँ वे इस समय के छोटेपन से बाहर आ जाते हैं। यही रॉबिन के शिल्पों की विशेषता भी है कि वे अपने भीतर के सच को उजागर करते हैं, भले ही उनका विषय सम-सामयिक हो। इन शिल्पों का सौन्दर्य उस माध्यम का भी सौन्दर्य है जिसमें उसे गढ़ा गया है। वह सिर्फ़ गोहरा मार्बल, या मार्बल या कि चूना-पत्थर या पिछले कुछ वर्षों में इस्ताम्बुल और मैक्सिको में किये गये उन विशाल शिल्पों में इस्तेमाल हुए स्टील और अन्य ग़ैर पारम्परिक साधन भर नहीं है। रॉबिन इन सभी को साधते हैं। इन सभी में अपने उस निर्जन भव्यता का समावेश सकुशल, साधिकार करते हैं, जिसका साक्षात्कार उन्हें उस अद्भुत अनिर्वचनीय एक पत्थर की बावड़ी में हुआ था।

19 जुलाई, 2013

स्मृति दीक्षित : देखने का विस्तार

स्मृति दीक्षित : देखने का विस्तार

स्मृति दीक्षित समकालीन कला का सबसे चर्चित चेहरा है। स्मृति इन दिनों जो भी रच रही हैं, उसका गहरा सम्बन्ध उनकी अपनी जीवन-शैली से है। वे वास्तव में एक ऐसी कलाकार हैं जो कलाकृति को भी उसी तरह बुनतीं, रचतीं, सिलतीं, काटती-छाँटतीं रहती हैं, जिस तरह जीवन में हम ख़ुद को बरतते हैं। उनके लिए कला-कर्म अलग से किये जाने वाला काम नहीं है बल्कि वो लगातार घट रहा है। उनका घर और स्टूडियो दो जगह नहीं है, वे एक हैं, जिसमें बच्चे का रोना भी कलाकृति में बुना हुआ है। यहाँ होने वाली हर घटना की साक्षी उनकी कलाकृति है। वे इस कदर इन दोनों के साथ को साधती हैं कि उनकी कलाकृतियाँ स्पन्दित हो दर्शकों के दिलो-दिमाग़ में अपनी जगह बना लेती हैं। स्मृति के कला-कर्म में उनकी अब तक के जीवन की 'स्मृति' रची-बसी है।

बीस साल पहले यह साक्षात्कार पत्राचार द्वारा किया गया था। स्मृति उन दिनों भी अपने देखने को लेकर सचेत थीं, यह साफ़ पढ़ा जा सकता है। पाठ की प्रांजलता देखकर मैंने अपने प्रश्न हटा लिये हैं। प्रस्तुत है उस साक्षात्कार का अंश—

तब मैं छोटी थी, मेरी एक दोस्त बहुत सुन्दर औरतें बना पाती थी, मैं कोशिश करती मगर असफल होती, तब मैंने उसके चित्रों के ऊपर पेन्सिल फेर-फेरकर सीख लिया, फिर बनाया, तब सबसे पहले जो नहीं सीख पाई थी, वह था (Eye Ball) को सही जगह पर रखना (पूर्वजों की तरह)। दूसरा, मुझे हाथ-पैर की उँगलियाँ बनाना नहीं आता था तो मैं हाथ में फूल, नारियल या साड़ी का पल्लू पकड़ा देती थी। फिर धीरे-धीरे, तीन-चार महीने के अन्तराल से सब कुछ बनाना सीख गयी। सुन्दर लड़की, सुन्दर आँखें, सुन्दर हाथ-पैर। मैं फिगरेटिव में जहाँ तक पहुँचना चाहती थी, पहुँच गयी, इससे ज़्यादा कोई इच्छा नहीं हुई।

होमवर्क और क्लासवर्क की कॉपियों के कई-कई पन्ने तरह-तरह की लाइनों से भरे होते थे, जिसे घरवालों की तरफ़ से, मेरी चित्रों में रुचि है, समझना स्वाभाविक था और हमारे यहाँ बहुत पूजा होती है। हर पूजा के लिए नये देवता गढ़ने होते हैं। यह देवता गढ़ने का काम मेरी माँ ने मुझे सौंप दिया और मुझे लगा कि बस, अब मेरी ज़िन्दगी में मज़ा आ गया। कभी गेरू, कभी अईपन, कभी गोबर लीपकर, चावल चिपकाना, एक सुपारी, पान-चावल, हल्दी, अन्त में सिन्दूर, यह सब जादुई लगता था, विशेषकर जब नारंगी बिन्दी लगती, मुझे लगता कि जान फूँक दी और सब दिए जलने लगते थे। यहीं से मेरी और चित्रों के बीच दोस्ती हुई।

मुझे खेलने से ज़्यादा देखना अच्छा लगता। जब छोटी थी तो छत से नीचे देखने के लिए चार-चार ईंटें रखनी पड़ती थीं, फिर तीन, दो, एक फिर ख़त्म। कितना अच्छा था! मैं बड़ी हुई, किन्तु वो दीवारें और छत नहीं। छत पर खड़े होकर दुनिया देखना मेरा शौक़ था। चलती-फिरती, भागती-दौड़ती, दिन की दुनिया और रात में सब ख़त्म। सुनसान निस्तब्ध। पेड़-पौधे, पशु-पक्षी कोई नहीं, सिर्फ़ मैं और वह छत जो बड़ी नहीं हुई। जब मैं बड़ौदा में थी, वहाँ का आकर्षण मेरे लिए ज्योति भट्ट थे। वे बहुत कहानियाँ सुनाते थे और अन्त में आपको समझ में आता था कि ये घटना आपके लिए ही है और फिर अपने चित्र देखकर शर्म आ जाती थी।

खिले हुए फूल को झरते हुए देखकर लगा कि अगर पँखुड़ी को स्पर्श करती हूँ तो अक्षर 'ड़' खटकता है, लगता है पँखुड़ी की जगह 'पाखुरी' होना चाहिए। जब देखती हूँ तो 'ड़' की महत्ता समझ आती है। स्पर्श में अड़ती है और उसे 'री' में बदल देती है। अब प्रश्न ये हैं कि चित्र बनाना स्पर्श करना है या देखना या दोनों?

जब मैं रचना-प्रक्रिया में होती हूँ तो क्या कुछ अलग होती हूँ? सब्जी ख़रीदते वक़्त क्या मैं वो नहीं हूँ, जो रच रही हूँ? यह सम्भव है और असम्भव भी। एक ही समय में दोनों एक साथ नहीं हो सकते, किन्तु दोनों जगह मैं ही हूँ। मेरे साथ सम्भव होता है एक साथ वही मेरे शरीर में, बल्कि पेट में कहीं। देखने का विस्तार हर क्षण हो रहा है। इस देखने में वनस्पति की गंध, सीलन, आग के जलने की गंध, बघार में तड़तड़ाने की गंध, पकती

हुई रोटी की गंध और उससे अटकी भूख का अहसास—यह सब इसी देखने का विस्तार है।

मुझे हर पुराने में नया जोड़ना हमेशा अच्छा लगता है।

एक घटना बताती हूँ। जब मैं फाइनल में थी। हम लोगों का डिस्प्ले था। मैंने अपने आपको महान कलाकार समझते हुए उन्हें अपने काम दिखाये। उन्होंने बताया कि जब वो छोटे थे, तब किसी बहुत अमीर आदमी के यहाँ शादी में खाना खाने गये। वह अमीर था, इसलिए बहुत सारे पकवान बनाये गये थे। खाने की थाली इतनी बड़ी थी कि उसमें दूसरे किनारे तक हाथ पहुँचाने के लिए काफ़ी मेहनत करनी होती थी। उन्होंने बहुत खाना खाया, अन्त में पेट फटने को था और भूख मिटी नहीं थी। तब मैंने अपने चित्र देखे, उसमें सब कुछ था। अपनी ज़रूरत से कहीं ज़्यादा। ऐसी और कई घटनाएँ हैं, जो मुझसे चित्र बनवाती हैं।

पहले लोग राज़नीति (Secret + Method) से चित्र बनाते थे। जब मैंने चित्र बनाना शुरू किया था। मैंने देखा था एक चित्रकार को एक ग्रुप वर्कशॉप में। वो थोड़े प्रसिद्ध थे। वो चित्र बनाने के लिए बहुत जल्दी आ जाते थे। सबके आने तक अपने अस्त्र-शस्त्र पन्नी के अन्दर बंद कर चुके होते थे। आजकल वो सब राजनीति, आमनीति हो गई है।

सुन्दर लड़की बना पाने के बाद से मेरे चित्र नॉन-फिगरेटिव हो गये

शैलेन्द्र और गर्भावस्था

अक्सर 'मस्तमौला' शब्द का अर्थ एक ऐसे व्यक्ति के रूप में लगाया जाता है, जो हँसमुख हो, बर्हिमुखी हो, जो लगातार कुछ ऐसा करता रहा हो जिसे सब देख सकें और जान सकें कि यह व्यक्ति जीवन का जोख़िम उठाकर भी अपनी ज़िद पूरी कर सकता है। और उसके बारे में यह राय बना सकें कि यार ये बड़ा मस्तमौला है। मस्त और मौला दो शब्दों की सन्धि से बना यह शब्द एक तरफ़ उन्मत्त,कामातुर, मतवाला और बहुत अधिक प्रसन्न रहने के कारण भी बेपरवाह का अर्थ लिए है तो दूसरी तरफ़ स्वामी, मालिक, ईश्वर या वह दास जिसे मुक्ति मिल गई हो। इन अर्थों को धारण किये कोई फ़कीर ही मिल सकता है, जो दुनियावी बातों से बेफिक्र अपनी मस्ती में मौला की धुन में डूबा है। शैलेन्द्र पर इनमें से कोई भी बात लागू नहीं होती, फिर भी मैं शैलेन्द्र को मस्तमौला ही कहना चाहूँगा। एक ऐसा इंसान जो अपने में मस्त है जिसमें बिहारी ठसक है, गुरूर नहीं। लापरवाह है, मजबूर नहीं। मौला है, फ़कीर नहीं। रचता है, गम्भीर नहीं। गुनता है, बुनता नहीं। शिल्पकार है, कवि नहीं।

शान्त सौम्य शैलेन्द्र 2001 में दिल में यह तमन्ना लिये कि जयपुर जाना है, भोपाल आया। उसका इरादा सीधे मकराना की खदानों से निकले मार्बल को तराश कर मूर्तियाँ बनाने का था। यह वही समय था जब जनगण सिंह श्याम का शव जापान से वापस आया था। शैलेन्द्र का मन इन सब बातों से द्रवित हुआ ही होगा और उस दौरान इन्हीं सब कारणों से उलझा अटका रहा। जयपुर जाना स्थगित हो गया और भोपाल का मोह शैलेन्द्र को रोकने में सफल रहा। पूर्वी चम्पारण के एक छोटे से गाँव माधोपुर में जन्मे शैलेन्द्र के बारे में उनकी माँ भी बहुत कुछ नहीं बताती। पाँच वर्ष की उम्र में मोतिहारी, फिर मुजफ्फरनगर से दरभंगा जा पहुँचे शैलेन्द्र ने भूगोलशास्त्र में अपनी पढ़ाई पूरी की और 'खैरागढ़' में कला की पढ़ाई करने आ पहुँचा। इसी खैरागढ़ में उसे भारत भवन का पता चला और वो भोपाल आ गया।

बहुत धीरे बोलने वाला शैलेन्द्र कहीं से भी मस्तमौला नहीं है, यह उससे मिलकर पता चल जाता है। वह बहुत कम बोलता रहा और ख़ुद को काम में झोंक दिया। पहली बार मैंने किसी शिल्पकार के रेखांकन भारत भवन की सिरेमिक कार्यशाला में लगे देखे। ये रेखांकन एक मूर्तिकार के थे और उनमें सबसे ज़्यादा आकर्षित करने वाली चीज़ उनका आयतन था। ये शैलेन्द्र के रेखांकन थे। यही मेरा पहला परिचय था। बेहद सफ़ाई से किये गये रेखांकनों में आकार और उसका आयतन ही प्रमुख रूप से दिख रहा था। एक शिल्पी द्वारा डूबकर किये गये इन रेखांकनों में आत्मीयता थी। घुमावदार रेखाओं की डूडलिंग से आकारों के रूप प्रकट हो रहे थे। लम्बे उलझे हुए धागों-सी रेखाओं से कहीं जानवर, कभी मानव-आकृतियाँ प्रकट हो रही थीं। ये काल्पनिक आकृतियाँ थीं। यथार्थ से दूर, निरूपण से दूर। ये रेखांकन शिल्पमय रेखांकन थे। बाद में भी शैलेन्द्र रेखांकन करता रहा और अब उनमें परिष्कार दिखने लगा था। रूपाकार परिपक्व हो गये। इनकी रेखाएँ टूटी हुई अनेक टुकड़ों में एक आकार गढ़ रही हैं। ये पारम्परिक रेखांकन नहीं हैं जिसमें एक रेखा की सशक्त उपस्थिति रेखांकन की जान होती है। ये रेखाएँ नहीं हैं, न ही ये दर्जी की तरह छोटे-छोटे टाँके लगे आकार हैं। ये कुछ मुड़ी-तुड़ी, बेहिसाब, बेतरतीब, घुमावदार डीएनए धारण किये स्पर्म-सी आकाश भर में भटक रही हैं। इस भटकन में ही शैलेन्द्र के शिल्प का आकार तैयार हो रहा है।

मैं शैलेन्द्र के शिल्पों में दो प्रमुख बातें देखता हूँ। एक तरफ़ उसके शिल्प फूले हुए हैं। दूसरी तरफ़ वे बिल्कुल ही सिकुड़े हुए हैं। यह 'फूला' होना भले ही कई तरफ़ इशारा करता हो, किन्तु इसमें मुझे प्रसवपूर्व के फूलेपन का अहसास होता है। शैलेन्द्र के शिल्पों में प्रसवपूर्वता है, जिसमें भाव है कि यह जो दिख रहा शिल्प है, के भीतर भी एक जान है जो अनजान है अपने जन्म और अपनी मृत्यु से। शैलेन्द्र के मन में इन फूले शिल्पों के

अलावा दूसरा भाव चपटेपन का है। उसने मोहन जोदड़ो में प्राप्त साँड की सील की तरह के कई शिल्प बनाये और इनमें आयतन ग़ायब है। वे चपटी सील की तरह है और साँड-सा जिस्म ग़ायब है। शैलेन्द्र मोहन जोदड़ो के प्रसिद्ध साँड को सील से बाहर निकाल लाया। शैलेन्द्र के भीतर एक फूला हुआ रहस्य है या फिर चपटी सच्चाई। शैलेन्द्र को 'बिहारी छैला' कहने में मुझे कोई संकोच इसलिए नहीं है कि उसकी उपस्थिति की रंगीनी और संयोजन का उत्साह छलकता-ढुलता नहीं रहता था, किन्तु वह मौजूद रहता। वह अपनी कर्मठ उपस्थिति और कुछ भी कर गुज़रने के प्रति निर्दोष पहल के लिए दोस्तों में मशहूर है। शैलेन्द्र का जीवन से गहरा नाता है, प्रकृति के प्रति प्रेम और सीधा सम्बन्ध उसे अपने शिल्पों के साथ एक नया रिश्ता कायम करने में मदद करता है। वह अपने काम के दौरान ख़ुद ही कई पौधों को अपने टूट गये शिल्पों में रोप दिया करता है, चूँकि पौधे भी शैलेन्द्र के जीवन के प्रति मोह को अज्ञात कारणों से जान जाते हैं, अतः वे विपरीत परिस्थितियों में भी उग आते हैं। शैलेन्द्र एक कविता में इसी सम्बन्ध को रेखांकित करता है—

मैं मिट्टी का शैलेन्द्र
मौसमी धूप-छाँव में बढ़ता हूँ
धीरे-धीरे
रंग मेरी आत्मा का आता है इसमें
1280 डिग्री टेम्प्रेचर पर पकने के बाद
एक निश्चित जगह पर ख़त्म होता हूँ मैं
ठोस होता हूँ
मजबूत होता हूँ मिट्टी की तरह
क्योंकि
मैं शैलेन्द्र मिट्टी का।
मैं आकार प्रकार को देखता हुआ
रंगों में प्रवेश करता हूँ
जहाँ समुद्र की गहरी सतह के बीच

रासायनिक तत्त्वों का संयोग होता है

कलाकृतियाँ रंगीन होकर

दृष्टिगोचर होने लगती हैं

मैं शैलेन्द्र मिट्टी का

मैं मिट्टी का शैलेन्द्र।

ये फूले आकार और ये चपटे प्रकार शैलेन्द्र की मजबूत कल्पना से उभरे शिल्पों में तब्दील हो जाते हैं। ये मिट्टी शैलेन्द्र की रचनात्मक गर्भावस्था को अवकाश देती है।

बिहारी शैलेन्द्र का मिज़ाज भी बिहारी है। उसके पास अक्सर मैं बहुत ही छोटे आकार के मोबाइल देखता रहा हूँ और ये आकार इतने छोटे होते हैं कि उनके मोबाइल होने पर शक होता था। फिर शैलेन्द्र उस पर बात करते हुए इस शक को दूर किया करता है। उसने एक बुलेट ख़रीदी और उस पर बैठ शहर भर में 'काला बल्ब' ढूँढ़ता रहा, सिर्फ़ ये देखने कि काले बल्ब की सफ़ेद रोशनी कैसी होगी? यहाँ भोपाल के शायर फ़ज़ल ताबिश का शेर याद आता है—

रेशा-रेशा उधेड़कर देखो यारों

रोशनी किस जगह से काली है।

जाहिर है एक बेजोड़ और बेजड़ कल्पना है, किन्तु शैलेन्द्र इन कल्पनाओं को पूरा करने के लिए बेकरार रहता है। अपने से बेख़बर वह सब कर जाता है, जो उसे ज़रूरी लगता है। चाहे फिर शिल्प के ऊपर फंगस लगने देने का जतन निर्वैयक्तिक क्यों न करना हो। इसका सम्बन्ध उसकी 'बेख़ुदी' से भी है। वह अपने शिल्पों के प्रति वैसा ही बर्ताव करता है जिस तरह प्रकृति में बेख़बर ख्याल रखा जाता है। ख्याल भी है और बेख्याली में उसे बढ़ने दे रहे हैं। जिन रासायनिक तत्त्वों के संयोग की बात शैलेन्द्र लिख रहा है, वह इसी तरह बेख़ौफ़ बेगानेपन में बढ़ रहे जीवन की है। उसकी चिन्ता भी है और उसके प्रति लापरवाह बेचैनी है।

शैलेन्द्र बेजोड़-बुलेट को लेकर भी बेचैन था। एक बार आ जाने के बाद वह बेख़बर हो गया। अब उसके पास दूसरे काम थे जिन्हें उसे करना है, किन्तु बुलेट पर बिहारी छैला बनकर निकलना बंद नहीं हुआ।

यह जो लापरवाही शैलेन्द्र की अपने प्रति है, क्या उसके कुछ सूत्र उसके शिल्पों में दिखलाई देते हैं? यह मुश्किल जान पड़ता है कि हम इस लापरवाही को ढूँढ़ निकालें। किन्तु इसके लिए कोई जतन नहीं करना होगा। शैलेन्द्र

के शिल्प लाजवाब लापरवाही के गवाह हैं। बल्कि रूपाकारों के प्रति उसका ध्येय किसी तरह के प्रचलित आकार का निरूपण नहीं है, वह कोई रूपाकार भी नहीं चुनता है। वह सिर्फ़ प्रसव पीड़ित रूपाकार के फूलेपन को किसी तरह के रूप में बाँधने का जतन करता है। एक बार यह फूलापन फँस गया तब बिहारी भाव से उसे पकाने, रंगने, उस पर किसी तरह का और तरह-तरह की बुनावट करने का खेल शैलेन्द्र को प्रिय है। उसे पकाने के बाद वह पूरा हो गया है का भाव शायद ही शैलेन्द्र का रहा है। उसे प्राकृतिक रूप से प्रकृति में बड़ा होने के लिए छोड़ देना भी इसी प्रक्रिया का बेख़बर हिस्सा है। शैलेन्द्र की दुनिया की गर्भावस्था प्रजनन की मुश्किलों को सिर्फ़ विचारों तक लाती है, उसे व्यावहारिक तौर पर घटने नहीं देती। दर्शक सिर्फ़ महसूस करें। प्रतिफलन का इन्तज़ार नहीं।

ये शिल्प जो किसी भी तरह बेजान शिल्प नहीं हैं। उनकी गर्भावस्था दर्शक के भीतर जीवन की धीमी-आँच की गरमी पैदा करते हैं।

ये शिल्प किसी भी प्रकार के निरूपण के विपरीत एक अनजान प्राणी की उपस्थिति का फूला अहसास है।

शैलेन्द्र में एक ठसक है। ज़िद है। काम करने की अकूत इच्छा है। उसका अपना मिज़ाज है। आज के युवाओं में जिस तरह की उदासीन प्रवृत्ति पाई जाती है, उसके विपरीत शैलेन्द्र के दिल में जीवन जीने का भरपूर उत्साह है, किन्तु यह उत्साह लालसा भर नहीं है। यारबाश और इस कारण कुछ नुकसान भी उठा सकने की कूबत। जिद्दी तो है ही, किन्तु ज़िद के साथ तार्किकता की ख़ासियत भी है। किसी को नुकसान न पहुँचे, इसका ध्यान शैलेन्द्र की जान।

मैंने कभी उसे अतिरेक में नहीं पाया। कलाकृतियाँ दिखलाते वक़्त भी उसका संशय साफ़ नज़र आता है। विनयशील, विनम्र और धीमी आवाज़ में अपनी दृढ़ बात रखना उससे कोई सीख सकता है। कभी भी शैलेन्द्र की उपस्थिति मुखर नहीं रही, किन्तु वह है और आप उसे नज़रअन्दाज़ नहीं कर सकते। उसकी सादगी और सादापन, उसकी सफ़ाई और साफ़गोई, उसका सहज रहना और सहेजना, सब कुछ एक तारतम्य में बिखरा रहता है। इसमें से किसी पर भी उँगली रख पाना सम्भव नहीं है। एक और कविता यहाँ दे रहा हूँ जिसमें एक कलाकार की कल्पना की उड़ान का मज़ा है। शैलेन्द्र इन कल्पनाओं के सहारे ही अपने आसपास के यथार्थ से टकराता रहा है, जिसमें अक्सर घायल ही लौटा। किन्तु हिम्मत नहीं हारी, न ही ज़िद छोड़ी। बिहारी मिज़ाज का एक और अप्रतिम उदाहरण। कविता इस प्रकार है—

मुझे एक सूरज अँधेरा चाहिए

बल्ब

ट्यूबलाईट

और

हर रोशनी में अँधेरा

अँधेरा अदृश्य है

सुन्दर चित्र मूर्ति, रेखाचित्र

इसी में उभरते हैं।

आँखें झूठ देखती हैं।

हाथ की परछाईं बनती है

थोड़ी से सुन्दर।

इसी अँधेरे से जूझता-लिपटता, निपटता शैलेन्द्र अपने को उस मुकाम पर ले आया, जहाँ प्रेम, घर, सृजन और जीवन सब गड्डमड्ड हो जाए और वह घुप्प अँधेरे की कल्पना करने लगा। एक अन्य कविता में वह लिखता है—

मुझे एक प्लेट अँधेरा चाहिए

जिसमें

मैं कुछ भी मिला सकता हूँ

आकाश-पाताल

धरती, चाँद-सूरज, तारे

और रोशनी के लिए

तुम्हारी आत्मा भी।

इसी रोशनी की दरकार शैलेन्द्र से वह सब कुछ करवाती रही जिसे उसका बेख़बर मन जानता नहीं था। जानना

नहीं चाहता था। शैलेन्द्र अपने शिल्पों में सादगी, सहजता और प्रेम भर देता है। यही सब गुण फूलकर गर्भावस्था धारण कर लेते हैं। इस गर्भावस्था का कोई परिणाम नहीं है, बस अहसास है।

अहसास है क्षमा का
अहसास है अपने न होने का
अहसास है बिहारी ठसक का

जिसमें गुस्सा, प्रेम, विनय भी है और है सादा जीवन सृजन से भरा या कि सृजन करने की कल्पना से ओतप्रोत है।

शैलेन्द्र लिखता है—

...

मैं चाहता हूँ सादगी
सहज और प्रेमपूर्वक जीना
अर्चना के साथ
बस....
तुम क्षमा कर दो
सजा तुम्हारे हाथ है
जो चाहो दे दो।

शैलेन्द्र की इस प्रदर्शनी में यही सब है। क्षमा, सादगी, सहजता और प्रेम। जीवन से भरी इस प्रदर्शनी में शैलेन्द्र के लगाये कुछ पौधे भी हैं, जो उसके शिल्पों में अपना जीवन पा चुके हैं। जन्म देने को उत्सुक शिल्प है, रेखांकन है। निरन्तरता है। विश्वास है। कल्पना है। उड़ान है। हौसला है। इरादे हैं। सचाई है। कुतुहल है। संवेदना है। बुनावट है। देसी ठसक है। बिहारी मिज़ाज है। चौकन्नी दृष्टि है और इधर शैलेन्द्र मस्तमौला है।

कला के उपस्कर

(1)

''मैं अपने को चित्रकला तक ही सीमित रखूँगा। चित्रकला अनिवार्य रूप से आत्माभिव्यक्ति का माध्यम है। आत्म में स्थित आत्म की अभिव्यक्ति। मनुष्य यथार्थ के एक आयाम की तरह, न कि अपनी चेतना में यथार्थ से सम्बन्धित।''
—ज. स्वामीनाथन

भाषा, रूप और समय के ऊपर लिखे परचे में अपने विचार रखते हुए स्वामी जी ने कला को आत्माभिव्यक्ति का माध्यम माना है।

लोरेंजो घीबर्ति पुनरुत्थान काल के मूर्तिकार थे और पहले कला इतिहासज्ञ भी। उन्होंने आधुनिक और प्राचीन कलाओं,

तकनीक, कला सिद्धान्त आदि पर भरपूर लिखा। वे कहते हैं— ''एक मूर्तिकार और चित्रकार को भी इन उदात्त विषयों में पारंगत होना चाहिए— 1. व्याकरण, 2. ज्यामिति, 3. दर्शन, 4. चिकित्सा, 5. खगोल विज्ञान, 6. परिप्रेक्ष्य, 7. इतिहास, 8. अनुपात, 9. अलंकरण के सिद्धान्त, 10. गणित।''

लियोनार्दो द विंची, जिन्होंने अपने जीवन में कुल जमा चौंतीस चित्र बनाये जिनमें से दस पर यह विवाद भी है कि ये चित्र लियोनार्दो के नहीं हैं। लियोनार्दो के दो चित्र 'मोनालिसा' और 'लास्ट सपर' कला जगत के इतिहास में विशेष स्थान रखते हैं। मेरे ख्याल से कम ही चित्रकार हैं जिनके एक से ज़्यादा चित्र श्रेष्ठ माने गये और उन्होंने कला इतिहास में अपनी जगह बनायी। लियोनार्दो के बाद पिकासो ही हैं जिनके दो चित्र 'गुएर्निका' और 'ले देमोज़ेल दाविन्यो' इस श्रेणी में आते हैं। लियोनार्दो ने चित्रकला क्या है, इस पर बहुत लिखा, किन्तु यहाँ जो मैं रख रहा हूँ, वह चित्र और कविता के बारे में है। लियोनार्दो लिखते हैं— ''कविता चित्रकला से श्रेष्ठ है शब्दों को प्रस्तुत करने में और चित्रकला कविता से श्रेष्ठ है तथ्यों के प्रस्तुतिकरण में, इस कारण मैं चित्रकला को कविता से श्रेष्ठ मानता हूँ।''

आते हैं सोलहवीं शताब्दी से सीधे बीसवीं शताब्दी में, जहाँ मार्क शागाल ने अपने साक्षात्कार में कहा, ''चित्रकला में औरत की आकृति या गाय की आकृति अलग-अलग प्लास्टिक मूल्य रखते हैं; किन्तु काव्य-शास्त्रीय मूल्य नहीं बदलते। जहाँ तक साहित्य का सवाल है, उसमें मैं मानद्रियन या काण्डिन्स्की से ज़्यादा अमूर्तन का अनुभव करता हूँ। अमूर्त इस अर्थ में नहीं कि मेरे चित्र यथार्थ को याद नहीं करते हैं।''

''जब मैं अवसाद में हूँ तो मैं इसके बारे में सोच भी नहीं सकता और यह सच है चित्रकला, मूर्तिकला, ट्रेजेडी और संगीत के बारे में। किन्तु मेरा मानना है कि चित्रकला अकेले ही इस एक जीवन को बहुत मात्रा में भर देती है।'' पॉल क्ले पिकासो जब कहता है कि वे इस कला के रास्ते अपनी धारणाओं को पुष्ट करते हैं, जो प्रकृति नहीं कर सकती तब वह इस तरफ़ भी इशारा कर रहा है कि कला में तात्कालिकता एक मूल्य है।'' कला में भूत या भविष्य का कोई स्थान मेरी नज़र में नहीं है। यदि कोई कलाकृति हर वक़्त अपने वर्तमान में स्थित नहीं है, तब उसकी कोई जगह नहीं हो सकती।''

उपर्युक्त कलाकारों के कथन के साथ यहाँ मैं मार्कण्डेय ऋषि का उवाच भी रखना चाहूँगा, जो 'विष्णु धर्मोत्तर पुराण' के तैंतालिसवें अध्याय के अन्त में आता है, जो चित्रकला पर है। वे कह रहे हैं— ''राजन्, इसको मैंने संक्षेप में बतलाया है। इसका विस्तार तो अनेक सौ वर्षों में भी नहीं कहा जा सकता। हे राजन्! यहाँ जो मैंने नहीं

कहा है उसे चित्र से जान लेना चाहिए। नृत्त में भी जिसे नहीं कहा गया है उसको भी यहाँ न जोड़े। कलाओं में चित्रकला है, यह धर्म, अर्थ, काम तथा मोक्ष को देने वाला है। जिस गृह में चित्र प्रतिष्ठित होता है वहाँ मंगल ही होता है। जिस तरह पर्वतों में सुमेरु प्रधान है, पक्षियों में गरुड़ प्रधान है, मनुष्यों में राजा प्रधान होता है वैसे ही कलाओं में चित्र कला प्रधान है।''

कला के बारे में इन सभी कलाकारों का देखना नितान्त व्यक्तिगत है। यह बहुत कुछ अनुभव से उत्पन्न हुआ है। ये सभी कलाकार सक्रिय और रचनाशील रहे हैं। इनके अनुभव भी विशद् और प्रामाणिक माने जाते रहे हैं। इन सभी लोगों ने कला के जटिलतम स्वरूप से साक्षात्कार किया, उसे भोगा, उसके विस्तार में गये, उसके साथ सम्बन्ध बनाये और अपने अनुभवों को साझा किया। मार्कण्डेय ऋषि (जो सम्भवतः चित्रकार हों किन्तु कोई प्रमाण नहीं है) को छोड़कर सभी सिर्फ़ वैचारिक स्तर पर कलानुभव नहीं कर रहे थे। वे महत्त्वपूर्ण चित्रकार हैं। इन सभी कलाकारों के कथन से एक और बात उभर कर आती है कि वे कविता और चित्रकला का अटूट सम्बन्ध जानते हैं। इसे उन्होंने अनुभव किया और रेखांकित किया। ये कलाकार सिर्फ़ चित्रकला के व्यवहारिक पक्ष के पक्षधर नहीं हैं। वे उसे कैनवास पर घट रही चित्रात्मकता के बाहर भी महसूस कर रहे हैं। वे शब्द और चित्र के प्रगाढ़ सम्बन्धों को महसूस करते हैं। यदि चित्रकला की एक परिभाषा नहीं हो सकती है तो इसका कारण मार्कण्डेय ऋषि के उवाच में पाया जा सकता है कि चित्रकला में धर्म, अर्थ, काम और मोक्ष सभी गुण समाहित हैं, इसलिए वे उसको विस्तार में बतलाने में भी संकोच करते हैं। संक्षेप में ही इतना विस्तार करते हैं कि कुछ अध्याय इस वर्णन में खप जाते हैं।

कला क्या है? यह एक ऐसा जटिल प्रश्न है जो अत्यन्त सरल है। इस पर अनेक कलाकारों ने अपने विचार प्रकट किये। अनेक वर्षों से विद्वान लोग चर्चा करते रहे हैं, किन्तु क्या कोई उसके उत्तर तक जा सका है? क्या यह सम्भव हो पाया कि कला की कोई परिभाषा हासिल की जा चुकी हो, जो सबको मुफीद लगती हो। कला भविष्योन्मुखी है। उसका स्वभाव ही अपने केन्द्र में न रहना है। वह लगातार अपने स्वरूप को उन्हीं कलाकृतियों से उसी समय में बदलती रहती है, जब वह प्रकट हो रही है। यह भी दिलचस्प है कि अब तक के जितने प्रमुख कला रूप हैं वह भी मौजूद हैं और उसमें हो रहे परिवर्तन भी उसके स्वरूप को प्रकट करते जा रहे हैं। याने पूर्व में रची गयी कलाकृतियाँ आज भी अपने वर्तमान में हैं। उनका होना महत्त्वपूर्ण है। फिर भी— यदि कला की कोई परिभाषा हो सकती है तो वह कुछ इस तरह होगी कि— ''कलाएँ भविष्योन्मुखी हैं और अपने स्वभाव से वह बहुलतावादी हैं, जिसमें पहले का छूट गया सच भी उतना ही शामिल है जितना अन्जाना सच। वह मौजूदा सच में भविष्य का सच गढ़ती है।''

चूँकि सच का कोई एक मुख नहीं है, वह जितने मुँह उतने सच की तर्ज पर अपने होने को लगातार बदलता है; उसी तरह कला अपने उद्घाटन में ही सच है। लियोनार्दो का सच उतना ही प्रामाणिक है जितना पिकासो का। लियोनार्दो आँख के लेंस होने के प्रमाण से चित्रकला के स्वरूप का निर्धारण करता है तो पिकासो पश्चिमी सभ्यता को दो आँखों से दिखाई देने वाले सच की प्रस्तावना रखता है। लियोनार्दो का सच, वास्तव में कैमरे के लेंस से पुष्टि प्राप्त कर पूरी दुनिया में फला-फूला। आँख एक लेंस है और उससे दिखाई देने वाले संसार में लोप बिन्दु (Vanishing Point) की उत्पत्ति देखने में शामिल मजबूरी है और कैमरा ईजाद होने के कारण लम्बे समय तक इस भ्रम को ही सच की तरह मनुष्यता बरतती आई।

यह पिकासो था जिसने इस प्रस्तावना की खोट को पहचाना और जाना कि पश्चिमी मनुष्य, जिसकी दो आँखें हैं, बिलावजह एक आँख से देखे गये संसार को सच मान रहा है। उसने नया प्रस्ताव रखा जिसमें लोप-बिन्दु का (Vanishing Point) ही का लोप (Vanishing) हो गया और इस कारण रूपाकारों का वो प्रचलित प्रारूप भी छिन्न-भिन्न हो गया। अब एक नये रूपाकार का जन्म हुआ, जो अपने स्वभाव में कला के स्वभाव के नज़दीक था—याने उसका कोई केन्द्र नहीं है। वह बस वहाँ है और दर्शक अपनी रुचि से केन्द्र चुन सकता था। यह रूपाकार भविष्योन्मुखी नहीं था। लियोनार्दो की यथार्थवादी चित्रकला, जो कि अब पश्चिम की परम्परा बन चुक थी, का निषेध भी नहीं था और उसके साथ-साथ चलने का प्रस्ताव भी नहीं था। वह पिकासो की चित्र बनाने की अकूत विलक्षणता का प्रमाण था। पिकासो जो बचपन में ही लियोनार्दो जैसी सफ़ाई, सुघड़ाई से चित्र बनाने की प्रतिभा हासिल किये हुआ था और बेइन्तहा चित्र बनाने की क्षमता भी रखता था, सम्भवतः उन्नीस सौ पाँच तक अपने रूपाकारों के एकाकीपन से, रूपाकारों के इकहरे होने से, चित्र में एकरेखियता के प्रभुत्व से भरपूर उकता चुका होगा। उसे इन्हीं किसी क्षण में चित्रों का यह इकहरापन अचानक ख़त्म होता दिखा किसी अफ्रीकी मुखौटे में। जैसा कि पिकासो ने ख़ुद ही कहा, ''मैं चुराता नहीं उठा लेता हूँ।'' उसने उन मुखौटों से अपनी दूसरी आँख का देखना उठा लिया और पूरी पश्चिमी सभ्यता को दो आँख से संसार कैसा दिखता है, बतलाया। पिकासो की यह प्रस्तावना इतनी सषक्त है कि इसका असर पूर्वी सभ्यता पर भी पड़ा जो पहले से ही कलाओं में दोनों आँख से देखने-बरतने का पक्षधर था। पक्षधर कहना ठीक नहीं होगा, क्योंकि पूर्वी कलाओं का संकट यथार्थवादी प्रस्तुतीकरण (representation) का नहीं रहा। वह हमेशा से कलाओं के होने में भरोसा करता रहा। एकरसता ही लक्ष्य रहा। जीवन की एकरसता।

(2)

मेरे चित्रों के लिए मेरे ख्याल से, यह मैं किसी सफ़ाई की तरह नहीं रख रहा हूँ, पश्चिमी और पूर्वी सभ्यता का वर्गीकरण करना अनुचित जान पड़ता है। मैं लगातार सीखता हूँ जिसमें लियोनार्दो से लेकर अनूप तक सभी चित्रकार शामिल हैं। यहाँ मैं कृतघ्न नहीं होना चाहता हूँ इतने सारे कलाकारों के नाम लेकर। मैं कृतज्ञ हूँ मेरे उस्ताद चन्द्रेश सक्सेना का, जिन्होंने मुझे इस लायक बनाया कि मैं कुछ जान सका और थोड़ा-बहुत कुछ कर सका। मैं कृतज्ञ हूँ इस बात का भी कि उन्होंने पश्चिमी और पूर्वी कलाओं के प्रति समान रूप से जिज्ञासा उत्पन्न की। उन्होंने उसे तुलनात्मक ढंग से न देखना सिखाया। उन्होंने चित्रकला का महत्त्व समझाया। उन्होंने बतलाया कि कैसे चित्रकला के लिए जहाँ भी जो हुआ, जिसने व्यापक प्रभाव डाला, उसके साथ सीधा सम्बन्ध बनाना चाहिये। मैं नतमस्तक हूँ उनकी सीख के लिए। यह मैं सब इसलिए भी कह रहा हूँ कि मेरे पिता स्वयं चित्रकार थे और उनका जीवन एक शिक्षक और सहृदय के रूप में गुज़रा। उनसे मैंने जाने-अनजाने बहुत कुछ सीखा जो संगीत, कविता, नृत्य या नाटक का है। वे खजुराहो, कोणार्क, एलोरा, बरनीनी, माईकल एंजेलो आदि अनेक महत्त्वपूर्ण स्थानों/कलाकारों के बारे में विस्तार से बतलाया करते थे। किन्तु ये सक्सेना सर थे जिनसे मैंने सीखा, समझा। मुझे आत्मग्लानि नहीं है; मैं कृतघ्नता और कृतज्ञता का फ़र्क़ भी जानता हूँ।

(3)

मैं पिछले चालीस वर्षों में यह जान सका हूँ कि यह मानव कमज़ोरी है कि वह अपने देखे हुए का वर्गीकरण करना चाहता है। इस कमज़ोरी के चलते वह अपनी समझ को कुंद करते हुए उस पर इतराता है। किसी भी कलाकृति को वर्गीकृत करना, उसे उसके अनुभव से दूर ले जाना है। वर्गीकरण से हम उस कलाकृति के सच को भी बाधित करते हैं। मनुष्य अपनी इस कमज़ोरी को छिपाने की पुरजोर कोशिश उसे लगातार वर्गीकृत करते हुए करता है। बल्कि उसने इस वर्गीकरण का एकशास्त्र विकसित कर लिया। मेरे चित्र इस वर्गीकरण के बाहर हैं। इसलिए भी कि उनका प्रकटन लगातार बदलता जाता है। अमूर्त एक ऐसा ही वर्गीकरण है, जो मेरे चित्रों पर लागू किया जाता रहा है और यह मेरे लिए कष्टसाध्य स्थिति भी है कि इस विशाल अज्ञानता से मेरे चित्रों को कैसे मैं बाहर ले आऊँ, जहाँ वे अनुभव का हिस्सा बन सके। चित्रों की चाक्षुक मौजूदगी ही उसका प्रकटन है और यह प्रकटन भी उसका सच नहीं है। बहुलतावादी कलाकृति को एक खाँचे में फिट करना और उसके प्रकटन को किसी एक अर्थ में ढालना सभी के लिए ग़लत होगा। मेरे लिए चित्र बनाना एक ऐसे संसार में रहना है, जहाँ उसके सुख-

दुख, उसके नदियाँ-पहाड़, मौसम रंग हैं। मेरे लिए कल्पना और सौन्दर्य में परिचित आकार ढूँढ़ना कठिन नहीं, किन्तु परिचित आकार को अपरिचय में बाँधकर उसका परिचय कराना ही मेरे खेल का हिस्सा है।

चित्र बनाना मेरे लिए लुका-छिपी का खेल है जिसके विस्तार में मैं जाता हूँ और इस विस्तार में अक्सर मैं ही चकित होता हूँ, मैं ही हारता हूँ। यह हारना ही मेरी प्रेरणा है। यह सच है रंग मुझे प्रेम देते हैं। मेरे चित्रों की ऊर्जा इन्हीं रंगों से आती है जो मुझ तक पहुँचती है। यह रंग प्रेम ही मुझे उत्साहित करता है, ऊर्जस्वित करता है, प्रेरित करता है उन रूपाकारों को रचने में, जो इन दिनों मेरे कैनवास पर डोलते हैं। इन रूपाकारों तक मैं इन्हीं रंगों के सहारे पहुँचा, जो मेरे इन्हीं रंगों में कहीं छुपे होने के कारण अनायास मिल गये। इस लुकाछिपी खेल में मुझे रूपाकार मिले हों, सिर्फ़ ऐसा नहीं हुआ। मैंने रंगों को भी पहचाना। लुकाछिपी के खेल में आप जब लुकते हैं तो किसी अँधेरे कोने की तलाश करते हैं। उस अँधेरे कोने में मिले रंग को पहचान पाना ही मुश्किल होता है किन्तु इन्हीं कोनों में मैंने जाना कि नीले रंग में धूसर छुपा है या नारंगी रंग सबसे चमकदार रंग नहीं है या सिर्फ़ भूरे रंग में ही भूरा नहीं है। इस तरह के प्रकटन से मैं ही चकित हो जाता हूँ और रंग की अविश्वसनीयता बढ़ती जाती है। अब रंग मुझे सान्त्वना नहीं देते, मुझमें हिम्मत नहीं देते, मुझे दिलासा नहीं देते; उनका होना अब एक ऐसे अजनबी की उपस्थिति है जिसे मैं 'रंग' के नाम से जानता हूँ, किन्तु उसके किसी प्रभाव को नहीं पहचानता। रंग का होना अब मेरे लिए उतना आसान नहीं रह गया जितना मैं दावा कर सकता था। रंग अब ज़्यादा रंगीन हो गये हैं। इस रंगीन परिप्रेक्ष्य में रंग-खोज अब शुरू हुई है और रंग-समानता का अहसास ही इसका प्रेरक है। अब रंगों के भेद पर मेरे चित्र नहीं टिके हैं, वे रंग-सम्वाद को उत्सुक रहते हैं। मेरे लिए रंग का चटख होना, मटमैला होना, निष्प्रभ होना, धुँधला होना और इस तरह की अनेक युतियों का मतलब एक हो गया है। अब मैं इन रंगों को अपने मन से अपने मन में बहने देता हूँ। वे इस लुकाछिपी के खेल में शामिल हैं, जहाँ वे भीतरी मर्म को भी प्रकट करते हैं।

(4)

एक चित्रकार के लिए कला-सामग्री उतनी ही ज़रूरी है जितनी लिखने के लिए क़लम। इस सामग्री के उत्कृष्ट होने के कारण उसकी अभिव्यक्ति में कोई फ़र्क़ पड़ता होगा, इस पर मुझे सन्देह है। मैं सामग्री विस्तार में न जाकर इन दिनों कला-अभिव्यक्ति के अन्तर्गत हुए प्रयोगों की तरफ़ ज़रूर ध्यान देना चाहूँगा। बहुत से कलाकार अपनी सान्त्वना के लिए वीडियो संस्थापन में काम कर रहे हैं। ये बहुत ही बढ़िया माध्यम है जो डिज़िटल कैमरे के कारण

सर्वसुलभ और सस्ता हो गया है। इस कारण इस माध्यम की सुनामी में अनेक कलाकार बह रहे हैं, किन्तु उनके संस्थापन में न चाक्षुक अनुभव है, न संवेदनाएँ, न कलाकार की चाक-चौबन्द उपस्थिति नज़र आती है। वे बस सुनामी में कचरे की तरह बह गये संस्थापन हैं। 'एण्डी वारहोल' ने जो काम साठ के दशक में पाँच मिनट से लेकर तीन घण्टों की फ़िल्मों में संस्थापित किया है, वह आज भी भविष्योन्मुखी है। उसमें अनेक संकेत ऐसे हैं जिन पर वह उन दिनों काम नहीं कर सका और किया जा सकता है। संस्थापन के लिए बहुत से काम किये जा रहे हैं और उन्हें देखकर कोई अचम्भा न हो तब वह सिर्फ़ रियाज़ या टोटकेबाजी की शक्ल अख्तियार कर लेता है। उसमें रस की उत्पत्ति नहीं होती दिखाई देती है। इधर हर तरफ़ फैले इस संस्थापित कचरे से इतर बहुत ही महत्त्वपूर्ण काम कर रहे कलाकार अनीष कपूर का काम अद्वितीय और अविस्मरणीय है। कला की चुनौतियाँ अब ज़्यादा बड़ी हो रही हैं। जोख़िम की मात्रा बढ़ रही है, उसमें घुसना अपने को बिला देना भी है।

मैं इसी को संक्षेप में रखता हूँ और आप सबको इशारा काफ़ी है, यह जानता हूँ।

09 जून, 2016

अमूर्तन का यथार्थ

आधुनिक समकालीन कला के लिए अमूर्तन का स्थान या कि उसका महत्त्व, इतिहास आदि के बारे में कुछ ऐसा ही है जैसे आप गुलाब की ख़ुशबू का बखान करने की कोशिश करें। जब यह आग्रह मुझसे किया कि मैं वार्ता के इस अंक के लिए भारत में अमूर्तन का लेखा-जोखा प्रस्तुत करते हुए एक लेख लिखूँ तब मेरे लिये धर्मसंकट बन गया। मेरी बुद्धि जो तारीख़ और उसके सही होने पर हमेशा संशय से भरी रहती है, जो अक्सर ही किसी भी घटना का दिन ग़लत ही जानती, समझती है, वह कैसे सिलसिलेवार इस पर विचार कर सकती है कि बेन्द्रे ने पहले अमूर्तन पर हाथ आजमाया कि उनके शिष्य शंकर पलसीकर ने? यह भी तय करना मुश्किल था कि यहाँ से शुरू करूँ या वहाँ से। मेरे लिये यह उस पुरानी कहावत जो स्कूल के दिनों में मेरे हिन्दी के शिक्षक कहा करते थे, 'आगे पाठ, पीछे सपाट' की तरह रहा है। कई बार कोशिश की कि इन तारीख़ों को तवारीख़ की तरह बरतूँ और शर्मिन्दगी से

बचूँ किन्तु यह संशय मुझ पर तारी रहा। मैं अभी तक स्वामीनाथन और मेरे पिता की मृत्यु की तारीख़ की ग़लती करता हूँ जो एक साल के अन्तराल में हैं और मार्च अप्रैल के महीनों में हुई। इसे मैंने कई बार याद किया और मौके पर हमेशा भूला। मेरी बुद्धि के इस तरह रुके होने पर मेरा भरोसा बढ़ता ही रहा और अब यह ठीक होने के परे चला गया।

मुझे यह भी लगता रहा है कि हम लोग एक देश की तरह ग़ैर जिम्मेदार लोग हैं और यह अक्सर मुझे सालता रहता है कि इस लगातार आर्थिक रूप से सक्षम होते जा रहे, वैश्विक ताकत के रूप में उभर रहे देश में नटवर भावसार की प्रदर्शनी नहीं हो सकी है या कि 27 फरवरी तक चलने वाली अनीश कपूर की प्रदर्शनी का केटलॉग 23 फरवरी तक छपकर नहीं आ सका।

अनीष कपूर, जिनकी प्रदर्शनी मुश्किलों तमाम हिन्दुस्तान आयी, उसके साथ क्या हुआ यह देखना दिलचस्प है। मेरी नज़र में पिकासो ने पश्चिमी संसार को दो आँखों से देखना सिखलाया और महत्त्वपूर्ण कला परिवर्तन की शुरुआत की। इसमें कोई सन्देह नहीं है कि पिकासो की कलाने गहरा प्रभाव कला जगत् पर छोड़ा फिर भी पिकासो के चित्र एक विशिष्ट वर्ग तक ही सीमित रहे। उसके बाद अनीष कपूर का आना एक ऐसी शुरुआत है, जिसमें कला की समूची परिभाषा बदलने की संकेत दिखाई देते हैं। अनीष की कलाकृतियाँ विशिष्ट वर्ग तक सीमित नहीं हैं, वे हर किसी को अपनी तरफ़ आकर्षित करती हैं। देखने वाला किसी भी तबके का हो, उसे सम्बोधित हैं। अनीष का अमूर्तन, अमूर्तन की अनन्त व्याप्ति की ओर इशारा है। वह मनुष्य को सीधे अचम्भित करने का क्षमता रखता है। यह स्थिति अनीष कपूर के पहले किसी कलाकार की नहीं रही। किसी कलाकार की कलाकृतियों ने समाज के हर स्तर से आने वाले को आकर्षित नहीं किया। इस मायने में अनीष कपूर दुनिया के पहले कलाकार हैं, जो संवेदना और ज्ञान के स्तर पर एक साथ काम कर रहे हैं। इस महत्त्वपूर्ण प्रदर्शनी को भारत में जिस तरह नज़रअन्दाज़ किया गया, वह एक लिजलिजा षड़यन्त्र था। अनीष का अमूर्तन की तरफ झुकाव और शेष जो हो रहा है, उसके स्रेत की तरफ़ इशारा कर उसके नकल मात्र होने को रेखांकित करना अनेकों तथाकथित कला समीक्षकों, आलोचकों को उनकी जगह बतला गया। नतीजतन अनीष की मौजूदगी के प्रति उदासीन बौद्धिकता ने इस महत्त्वपूर्ण प्रदर्शनी की चर्चा नहीं होने दी। अनीष की प्रदर्शनी पर लगातार चुप्पी भी इस षड़यन्त्र का हिस्सा है।

मैं इसे उन तमाम राजनेताओं द्वारा किये जा रहे घोटालों से बढ़ा घोटाला मानता हूँ जहाँ हम सांस्कृतिक रूप से ग़ैर-जिम्मेदार होते जा रहे हैं। आर्थिक घोटालों की भरपाई हो सकती है किन्तु क्यों यह ज़रूरी नहीं लगता है कि गायतोण्डे की एक वृहद् प्रदर्शनी देश के अनेक स्थानों पर ही नहीं बल्कि विदेशों के प्रमुख शहरों में भी लगायी जानी चाहिये? दुनिया में मैंने अभी तक जितना भी चित्रित संसार देखा है उसमें गायतोण्डे का स्थान, या कि अम्बादास, राजेन्द्र धवन जैसे चित्रकार नहीं देखे हैं। वो कौन-सी मजबूरी है जो विश्व की तीसरी ताकत बनते जा रहे देश की कमज़ोरी है?

जो अपने ही देश के प्रमुख चित्रकारों को दुनिया के सामने लाने से बचती रही है। जिसे देष के सबसे महत्त्वपूर्ण चित्रकार मक़बूल फ़िदा हुसैन को घर वापस बुलाने में शर्मिन्दगी हो रही है? क्या हम भारतीय अपनी समकालीन कला के प्रति एकतरफा व्यवहार ही करते रहेंगे या जिम्मेदार समाज की तरह आने वाले समय के लिये एक उदाहरण रखेंगे?

मैं व्यापारियों से उम्मीद नहीं रखता कि वे इस बात को जाने कि दुनिया में रज़ा की तरह रंग व्यवहार करने वाला कोई दूसरा चित्रकार नहीं है, किन्तु मैं इसकी उम्मीद तो करता ही हूँ कि कला लेखन में मुब्तिला वे तमाम लोग इसको अपने लेखे में लें। इसलिये नहीं कि मैं कह रहा हूँ बल्कि इसलिये भी कि वे इस बहाने दुनियावी कला को एक बार फिर देखें। यदि चेन्नई आर्ट समिट में अच्यूतन कूडालूर के चित्र सिर्फ़ इसलिये नहीं दिखाये जाते हैं कि आयोजन समिति के किसी सदस्य को उनसे बैर है, तब यह इस देश के दुर्भाग्य की तरह ही जाना जायेगा।

अमूर्त कलाकारों के योगदान या उनकी अहमियत आदि पर बात इसलिये भी नहीं करूँगा कि जिस देश में आज़ादी के बाद गुलामी में जाने की इच्छा बड़ी संख्या में यदि चित्रकारों की ही है तब दूसरों से उम्मीद करना व्यर्थ है। नब्बे के दशक के बाद जब कला का कम्प्यूटरीकरण हुआ तब देश में कैलेण्डर कला के 'कम्प्यूटर संस्करण' की बाढ़ आ गयी। 'डिजिटल प्रिण्ट ऑन अर्काइवल पेपर' के हस्थमैथुन ने अनेकों कलाकारों की भ्रूण हत्या कर दी। वाल्सन कोल्लेरी ने भी इसे आजमाया। मुझे हमेशा ही माध्यम की गुलामी के साथ-साथ मानसिक गुलामी पर तरस आता रहा है। जिस यथार्थ से छुटकारा पाने के लिये अनेकों कलाकारों ने काम किया, उसका 'सस्ता संस्करण' अब बाज़ार में उपलब्ध है, जिस पर लगभग सभी कला आलोचक लिखकर प्रसन्न हो रहे हैं कि वे कला के राजमार्ग पर अपना रथ दौड़ा पा रहे हैं। किन्तु क्या किसी ने भी इसके पीछे नष्ट होते जा रहे सांस्कृतिक संस्कारों की सिसकियाँ सुनीं? हम ऐसा क्या छोड़ जा रहे हैं जिस पर बाक़ी लोग गर्व कर सकें कि बीसवीं से इक्कीसवीं शताब्दी में कदम रखने वाले कलाकार वास्तव में इक्कीसवीं में कदम रख रहे थे, गुलामी के दो सौ पचास सालों में नहीं, जहाँ यथार्थ का बोलबाला था और कैलेण्डर चित्रकार को विएना में पुरस्कृत किया जा रहा था।

क्या चित्रकार अन्धा हो सकता है? जिसकी मन की आँखें अन्धी हों? जिसे हम प्रज्ञा कहते हैं या कि विवेक।

होमी पटेल के चित्रों के बारे में जब पूरी तरह से गुजरात में हीं नहीं जानते, तब कलकत्ता और चेन्नई के कला जगत् की उदासीनता का हम दावा करें या कि यह कि हम चित्रकार हैं? गोपाल आदिवरेकर की नकल से भरे चित्रों से सभी अमूर्त चित्रकारों को तौलना भी एक बड़ा कारण है इस उदासीनता का। आदिवरेकर ही क्यों ऐसे अनेक अमूर्त चित्रकार हैं जिन्होंने अपनी प्रतिभाहीनता को अमूर्त ढाल के पीछे छिपा लिया है। मुझे याद आ रहा है कि मेरे पास एक युवा चित्रकार अपने अमूर्त चित्र लेकर आया। ये चित्र नहीं थे बस एक तकनीक से कुछ प्रभाव/effect चित्रित

किये हुए थे। उसे रूप/form की कोई समझ नहीं है, यह उन चित्रों के सपाट बयानी से साफ था। मैंने उसे सलाह दी कि कुछ वक्त तुम सिर्फ़ रेखांकन करो। वह छः महीने में तंग आ गया और मुझे फ़ोन करके कहता है कि मुझे वही अच्छा लगता है यह सब नहीं करूँगा। उसने प्रतिभाहीनता के हथियार से ख़ुद को मार लिया। कुछ दिनों बाद मुझे एक प्रतिष्ठित दीर्घा से उसकी प्रदर्शनी का निमन्त्रण आता है, एक स्वयंप्रतिष्ठ कला आलोचक ने उस पर एक पुस्तक लिख मारी है। साथ ही उस पर बनी कुछ फ़िल्मों का प्रदर्शन भी है।

जो काम गायतोण्डे, अम्बादास, होमी पटेल, जेराम पटेल, नसरीन मोहम्मदी की प्रतिभा नहीं कर सकी वह काम प्रतिभाहीनता ने बाखूबी कर दिखाया।

भूपेन खख्खर, स्वामीनाथन, गायतोण्डे और प्रभाकर बर्वे जैसे चित्रकारों के प्रयाण के बाद जिस देश का सुसंस्कृत समाज आज तक उनकी पुनरावलोकी प्रदर्शनी नहीं कर सका वहाँ गुलाब की ख़ुशबू की बात करना बेमानी होगी या कि यदि मैं यह सब करूँ तब इसे सफ़ाई की तरह देखा जा सकता है। मैं किसी तरह की सफ़ाई नहीं पेश कर रहा हूँ न ही कोई शिकायत है, बस एक आत्मनिरीक्षण है जो मेरी अपनी समस्या है। मुझे बहुत ही दुविधा होती है यह जानकर कि घासलेट के लिये लगी लम्बी लाईन में खड़े लोगों के प्रति या किसी गटर किनारे बसी झुग्गी झोपड़ियों में रहने वाले लोगों के प्रति नकली सहानुभूति से भरे चित्रों के वर्णन में ऐसा क्या है जो आलोचकों को प्रेरित करता है उसे मुख्य धारा का चित्र कहने के लिए? यह नकली संवेदना प्रकटन गुलाब की ख़ुशबू ढूँढ़ने की कोशिश में पँखुड़ियों को नोंचने की कोशिश है। यह एक साधारण चित्र, जो बड़ी क़ीमत पर बिकने के लिए रखा है जिसका कोई भी अंश उन लोगों तक नहीं जाने वाला है जिनके प्रति सहानुभूति का दावा किया जा रहा है, क्या यह चालाकी भरी सफ़ाई नहीं है? जिसमें चतुराई से अपने हाथ झाड़ लिये कि हम तो इनके चित्रकार हैं, इनके जिम्मेदार नहीं। यही वो जगह है जहाँ अमूर्तन अपने प्रकटन में, अकेले होने का अहसास लिये है जिसमें ऐसा कोई दावा नहीं है कि एक दिन सब ठीक हो जायेगा न ही वो सहानुभूति जिसके नकली होने से कोई इन्कार नहीं कर सकता। अमूर्तन में चित्रकार चित्ररत है अपने कर्म के प्रति चौकस, चौकन्ना। चित्रकर्म का सामाजिक धर्म। समाज के प्रति जिम्मेदार, अपने कर्म के प्रति ईमानदार। मैं यह नहीं कह रहा हूँ कि जो अमूर्तन नहीं करते, वे ईमानदार या जिम्मेदार नहीं हैं। यह भाषा की समस्या है, वह वो सब भी कहती जाती है जो नहीं कहा जा रहा। जयश्री चक्रवर्ती या अतुल डोडिया मेरी नज़र में उतने ही चौकस, चौकन्ने चित्रकार हैं। वे सफाई नहीं देते और अपने चित्रों में बला की कल्पनाशीलता का इस्तेमाल करते हैं। कल्पनाशीलता सुरेन्द्र नायर के चित्रों में भी है, किन्तु वे रूपाकार यथार्थ से पिटे नज़र आते हैं। मुझे सुबोध गुप्ता की कलाकृतियों में कल्पनाशीलता का गहरा अभाव दिखता है, किन्तु वह बाज़ार का 'very hungry god' है जिससे लोग प्रभावित होते हैं।

देखने की नकल करने की कोशिश में हम यह भी भूल जाते हैं कि यहाँ कट्टूर नारायण पिल्लई जैसे कलाकार भी हैं, जो मुश्किल से अपने चित्र प्रदर्शित करते हैं। मुझे रचनात्मक शून्य का गहरा अहसास समय-समय पर होता रहा है। संशय से भरा मैं ग़ैर चित्रात्मक रचना संसार में अपना समय बिताता हूँ और अक्सर खुद को ऊर्जा से भरा पाता हूँ। इस रचनात्मकशून्य में चित्रों से दूर शब्द या संगीत संसार भी उतना ही रोचक और ऊर्जावान है। कुछ न कर पाने का मलाल नहीं है, किन्तु अमूर्तन के अहसास ने मुझे हमेशा झकझोरा है और फिर कुछ दिनों के बाद पटरी पर ला पटका। यह दिलचस्प है। ऐसा अहसास उन्हें भी होता होगा जो सहानुभूति के लिए चित्र बनाते हैं या कि जिनके चित्र 'समाज के लिए कुछ नहीं कर पाने की' आत्मग्लानि से बनते हैं। इस तरह के चित्रों पर बहुत लिखा भी गया है। अभी तक का बहुत सारा कला लेखन इसी से भरा है, क्या यह सब ग़ैर जिम्मेदार लेखन की तरह नहीं देखा जायेगा? जिसमें कला के चौकीदार सिर्फ़ वाम पक्ष की रक्षा कर रहे हैं मध्य, दक्षिण छूटा हुआ है।

अमूर्तन यदि कमज़ोर है तब उसे मर जाना चाहिये। किन्तु ऐसा नहीं हो रहा है। कला का अमूर्तन और कला में अमूर्तन उसके प्राणतत्त्व तरह मौजूद है। उस पर ध्यान न देना या उसकी उपेक्षा कमज़ोर क्षणों की गवाह है। मुझे नहीं लगता कि कला को किसी सहारे की ज़रूरत है, किन्तु हमें आत्मनिरीक्षण से नहीं चूकना चाहिये। भले ही हम चित्र बना रहे हों, या उस पर लिख रहे हों, या उसका व्यवहार कर रहे हों।

पहाड़ से पहाड़ को देखना

(1)

हिमाचल

13 मई, 1987

भारत महोत्सव जापान में आदिवासी लोककला प्रदर्शनी के लिए किये जाने वाले संग्रह अभियान के लिए मैं और अर्चना एक माह के दौरे की शुरुआत हिमाचल प्रदेश से कर रहे थे।

आज रात को एक माह के दौरे की शुरुआत देर से सही, किन्तु शुरू हुई। दिल्ली के लिए मालवा ट्रेन क़रीब दो घण्टे लेट थी और शुरू हुआ हिमाचल प्रदेश का अनजाना सफ़र, अनजानी शुरुआत, घटनाओं के सिलसिले की।

14 मई, 1987

सुबह दिल्ली पाँच घण्टे लेट पहुँची- 'एक्सप्रेस सुपरफास्ट मालवा'। सुबह ही शिमला के लिए बस दिल्ली से जाती है, अब हमें पता करना था कि बस कहाँ से मिलेगी और कितने बजे चलेगी। दिल्ली पहुँचने में देर तो हो ही चुकी थी, फिर भी अगर बस मिल जाए तो अच्छा ही है: यह सोचकर प्लेटफार्म पर उतरे और भागे। धूमिमल गैलरी पर सामान रखकर पहुँचे हिमाचल प्रदेश के एम्पोरियम, वहाँ पता चला शिमला के लिए बस जनपथ से जाती है, वहाँ पहुँचे तो बस ट्रेन की तरह लेट न होकर सुबह दस बजे ठीक समय पर नियत स्थान को रवाना हो गई। पैदल घूमते हुए गैलरी वापस पहुँचे, वहाँ से सामान उठाया और पीछे ढाबे में खाना खाकर सीधे स्वामी जी के घर की ओर रवाना हुए। अब शिमला जाने के लिए हमारे पास सिर्फ़ एक अदद ट्रेन थी, 'कालका मेल', रात साढ़े दस बजे। घर पर अम्माजी, हर्षा और स्वामी जी की माँ मिलीं। शाम तक आराम किया, ताश खेला और आठ बजे रेलवे स्टेशन चल पड़े। इस ट्रेन में कोई तकलीफ़ रिजर्वेशन प्राप्त करने में नहीं हुई और हम लोग ठीक समय पर कालका के लिए रवाना हो गये। रिजर्वेशन हमारा चण्डीगढ़ बोगी में था और सुबह पाँच बजे चण्डीगढ़ पहुँचने पर हमें डिब्बा बदलना है, यह सोचते हुए हम सो गये।

15 मई, 1987

सुबह पाँच बजे के बहुत पहले ही हमारे डिब्बे में जागरण हो गया, पता चला कि क़रीब-क़रीब सभी लोग कालका जाने वाले हैं और रात में इस भय के साथ सोये कि कहीं डिब्बा उन्हें लिए-लिए ही कटकर अलग ना हो जाए। शोरगुल के भीतर हम लोगों ने भी उतरने की तैयारी कर ली थी और थोड़ी देर बाद सभी तैयार थे उतरने को। चण्डीगढ़ था कि किसी आतंकवादी की तरह हाथ ही नहीं आता था। डिब्बे में अजीब-सी शान्ति थी, सब एक दूसरे का मुँह देखने के अलावा और कोई काम नहीं कर रहे थे। अन्ततः चण्डीगढ़ मारा गया, सबने सुकून की साँस ली और दौड़ पड़े कालका जाने वाले डिब्बों की तरफ़ - अपने और दूसरों के सामान से टकराते, उछलते-कूदते।

कालका जाने वाले डिब्बों में आसानी से जगह मिलना भी एक आश्चर्य का विषय रहा। हिन्दुस्तान की आबादी क्या तेजी से कम हो रही है? परिवार एवं स्वास्थ्य कल्याण विभाग क्या सचमुच अपने कार्यक्रम में सफल हो रहे हैं? यह प्रश्न उस वक़्त किसी के दिमाग़ में खड़े हो सकते थे। अप्रतिम सुन्दर प्राकृतिक दृश्यों को निहारते हुए कालका पहुँचे। सुबह की चाय पीकर वहाँ से टैक्सी पकड़ी शिमला के लिए और शुरू हुआ पहाड़ों का सफ़र। सर्पीली सड़कों पर कालका से शिमला तक का सफ़र दो स्थानों पर रुकते हुए पूरा हुआ। आज ही हमें कई काम

निपटाने थे। शिमला सुबह दस बजे पहुँचे, कार्ट रोड से कुली करके हम लोग माल रोड के नीचे एक होटल में जा ठहरे। नित्यकर्म से निपट कर हम तैयार थे अपने मिशन के लिए। ऊपर माल तक पहुँचते ही सामने पोलिस स्टेशन दिखा। वहीं जाकर हमने आई.जी., सी.आई.डी. श्री रतिराम वर्मा के घर फ़ोन किया तो पता चला कि वे दफ़्तर के लिए निकल चुके हैं। माल पर आफ़िस का पता पूछते हुए हम लोग उनके दफ़्तर पहुँचे तो पता लगा वे अभी नहीं आए हैं। आप इन्तज़ार कीजिये। इन्तज़ार करते हुए उनके सहायक डी.एस.पी. श्री के.एस. ठाकुर के कमरे मैं बैठे और उनसे बात करते हुए हमने खुलासा किया हमारे आने के उद्देश्य का। वे और उनके एक और सहायक श्री शर्मा सचिवालय जा रहे थे, उन्हीं के साथ हम लोग संस्कृति सचिव श्री महाराज कुमार काव से मिलने चल दिये। श्री काव स्वामी ने जी के अच्छे दोस्तों में से हैं, उन्होंने हमारा कार्य शीघ्र ही पूरा कर दिया और श्री जोशी निदेशक, भाषा संस्कृति और हस्तशिल्प से हमारी मुलाक़ात भी सार्थक रही, उन्होंने तुरन्त ही तीन पत्र हमारे लिए कलेक्टर चम्बा, कल्पा व कल्पा भाषा अधिकारी के लिए दिए। पत्र लेने के लिए हमें रुकना था। श्री जोशी जी को किसी बैठक में जाना था। हम रुके, वे चले गये।

इस दौरान उनके यहाँ मुलाकात हुई एक चित्रकार सुरजीत सिंह चौधरी से। उससे हम लोग जानकारी लेते रहे हिमाचल की जनजातियों के बारे में। पी.ए. ने तीन पत्र अपने स्वभाव के विरुद्ध जाते हुए उसी दिन टाईप करके जब हम दिये, तो उस वक़्त दिन के साढ़े तीन बज चुके थे। खाना खाया नहीं था और कल्पा, किन्नौर के लिए सरकारी इज़ाज़त लेना अभी बाक़ी था। वहाँ से जब माल पर आए तो पता लगा कि आई.जी. के ऑफ़िस के पास ही कहीं है। खाना खाने का विचार छोड़ हम लोग पुनः दफ़्तर में पहुँचे तो पता लगा आई.जी. शिमला से बाहर गये हुए हैं और आज ही हिमाचल सरकार ने कल की छुट्टी घोषित कर दी, जबकि हमें सुबह बताया गया था कि कल छुट्टी का दिन नहीं है। राज्य सरकारों में समानता के उदाहरण ने हमें किंकर्त्तव्यविमूढ़ कर दिया था। इज़ाज़त के लिए हमें तीन पासपोर्ट साइज के फ़ोटो तुरन्त चाहिए हैं, इस घोषणा से हम सक्रिय हुए। श्री शर्मा से बात की, उन्होंने कहा कि आप लोग यदि अभी फ़ोटो ले आते हैं तो हम छः बजे तक ऑफ़िस में आपका इन्तज़ार कर रहे हैं, आपको इज़ाज़ती चिट्ठी तुरन्त तैयार कर देंगे। हम भागे माल रोड। साढ़े चार बज रहे थे, फ़ोटोग्राफ़र से फ़ोटो लेकर हमें साढ़े पाँच बजे तक वापस पहुँचना था और यदि नहीं हो सकता है तो उन्हें फ़ोन कर बताना है कि नहीं हो सकता है।

शिमला के ख़ुशनुमा मौसम में, माल पर जहाँ 'हनीमूनर्स' टहल रहे थे, हम लोग भाग रहे थे और यहाँ पर अर्चना की कही बात याद आई। संग्रह अभियान शुरू करने से पहले जब हम लोगों को उत्तरी इलाका दिया गया, तब शुरू में यह हल्का-फुल्का मज़ाक चलता रहा कि हम लोग हनीमून मनाने जा रहे हैं और आख़िर के दिनों में

यह मज़ाक गम्भीर होता चला गया।

इस दौरान हम दोनों ने अलग-अलग रूप से स्वामी जी को यह स्पष्ट कर दिया था कि हम हिन्दुस्तान के किसी भी हिस्से में जा सकते हैं, कोई ज़रूरी नहीं है कि हमें उत्तरी इलाका दिया जाए। यह निर्णय पूर्व नियोजित नहीं था, अतः कोई सवाल ही नहीं था इलाका बदलने का और जिस रात हम लोग निकल रहे थे, स्वामी जी के घर पहुँचे, वहाँ विजयमोहन मिले, उन्होंने कहा- माल पर आजकल सीजन में बहुत हनीमूनर्स होते हैं, सिंगार किये, चमकदार चूड़ियाँ, साड़ियाँ पहने हुए शाम को माल पर टहलते हुए मिलेंगे। अर्चना ने तुरन्त कहा- किन्तु हम लोग भागते हुए। और, सचमुच हम भाग रहे थे। भागते-भागते माल रोड पर आए, वहाँ बहुत-सी दुकानें थीं। पहला फ़ोटोग्राफ़र 'बड़ा वाला था', वह पोर्ट्रेट नहीं उतारता था, दूसरा आलसी था, तत्काल फ़ोटो नहीं उतारता था। तीसरा व्यापारी था, जो ज़्यादा पैसे लेकर फ़ोटोग्राफ़ी का कोई भी काम कर सकता था। वहाँ से हमने फ़ोन लगाया शर्मा जी को और बतलाया कि फ़ोटो साढ़े पाँच बजे तक तैयार होंगे, अतः पौने छः बजे तक हम लोग दफ़्तर पहुँचेंगे। उन्होंने कहा- आप लोग तुरन्त आ जाएँ, हम बग़ैर फ़ोटो के इज़ाज़त दे देंगे, फ़ोटो वग़ैरह आप किन्नौर से लौटकर दे जाना। एक बार फिर हम सड़क पर थे। भागते हुए। माल पर निश्चित ही यह एक दृश्य रहा होगा - एक लड़के के पीछे भागती हुई एक लड़की आई, दोनों फ़ोटोग्राफ़र्स की दुकान में घुसे और एक दूसरे का पीछा करते हुए वापस भाग गये।

आई.जी. ऑफ़िस में इज़ाज़ती चिट्ठी हमारा इन्तज़ार कर रही थी। चार-छः साईन किये, पत्र लिया। एक बार जी भरकर देखा और फिर चैन से दुखती हुई टाँगों से लेकर बैठ गये। साँसें जब काबू में आईं तब धन्यवादों का सैलाब शर्मा जी और ठाकुर साहब पर उड़ेल कर हम लोग निकले। माल पर टहलने और पोस्ट ऑफ़िस से स्वामी जी को तार करने। स्कैण्डल प्वाइन्ट पर सुरजीत मिलने वाला था, उससे हमें और जानकारी लेनी थी। तारघर से तार कर हम स्कैण्डल प्वाइन्ट पर पहुँचे, जहाँ पर लाला लाजपतराय का पुतला आकाश की ओर उँगुली उठाये खड़ा है। यहाँ सुरजीत मिला, उसके साथ और भी लोग थे। परिचय के आदान-प्रदान में एक महिला से भी परिचय हुआ और यह थीं- श्रीमती सुरुचा पाल। वे दिन भर इन्तज़ार करती रहीं दफ़्तर में बैठीं हम लोगों का और हम चूँकि नहीं पहुँचे थे, अतः वे नाराज़ थीं। उन्हें हमने बताया कि क्यों हम लोग नहीं आ पाए, किन्तु वे सन्तुष्ट नहीं हुईं। उन्हें समझाना मुश्किल भी था, साथ ही हमें और भी काम थे, अतः सुरजीत को साथ लेकर उन लोगों से विदा ली। सबसे पहले फ़ोटो खिंचवाया, इज़ाज़ती चिट्ठी पर एक-एक फ़ोटो भी लगाना था और शिमला में रुकने का कोई अर्थ नहीं था, हम लोग कल्पा के लिए निकलना चाहते थे, बस थी सुबह साढ़े सात बजे। फ़ोटो कुछ समय बाद मिलना था, अतः कला-सामग्री ख़रीदते हुए हम लोग पार्क पहुँचे, जहाँ श्रीमती पाल हम लोगों

का इन्तज़ार कर रही थीं। बातों का सिलसिला शुरू हुआ और काफ़ी समय बीत गया, इसका पता हमें चला उस वक़्त, जब उन्होंने हमें रात के खाने के लिए आमन्त्रित किया। मुझे तसल्ली हुई कि चलो इनकी नाराज़गी तो दूर हुई। वे वहाँ म्यूजियम की क्यूरेटर हैं और उनसे हमें लौटकर कई जानकारियाँ मिलने की सम्भावना थी। शिष्टता के साथ उनसे माफ़ी माँगी गई और एक बार फिर हम लोग माल पर थे। फ़ोटोग्राफ़र से फ़ोटो लिए और सुरजीत के साथ उसके एक दोस्त के छापाखाने गये, कुछ देर बैठकर वहाँ गपशप की, फिर खाना खाकर होटल पहुँचे, चौकीदार को सुबह छः बजे उठाने को कहा, सो गये।

16 मई, 1987

सुबह नींद खुली तो छः बज रहे थे, तुरन्त तैयार हुए कल्पा के लिए। बस साढ़े सात बजे थी। बाहर निकलकर सोते हुए चौकीदार को उठाया और चल दिये बस स्टैण्ड, वहाँ बस थी, सवारियाँ थीं: कल्पा का रास्ता बन्द था, अतः तापड़ी तक का टिकिट लिया। बस चली और शुरू हुआ अद्‌भुत नज़ारों का दिल दहला देने वाला सफ़र। पहाड़ पर सफ़र करने के लिए निश्चित ही चाहिए, एक मजबूत दिल और दुनिया में फैल न होने वाला एक ग्यारण्टेड इलेक्ट्रानिक दिल, जो धड़क रहा है, स्पेनिश चित्रकार सल्वाडोर डाली के शरीर में, अगर आपके पास हो तो शायद इस सफ़र का आनन्द लिया जा सकता। बाईस मिलिट्री के जवान भी थे, जो पहले ही सीटों पर थे, बाक़ी अड़तीस सवारियां में से कुछ भाग्यशाली सीट पर थे, कुछ खड़े थे – वे भी भाग्यशाली थे। पहाड़ी सफ़र-पहाड़ी रुचि के गानों के साथ शुरू हुआ और मजेदार बात यह थी कि सभी फ़िल्मी गानों की रचना राग पहाड़ी पर आधारित थी। इन गानों की कैसेट यात्री अपने साथ लाये थे और प्लेयर बस में था। हरे भरे पहाड़, गहरी खाईयाँ, चीड़ के वृक्ष के घने वनल, सर्पिली सड़क पर हमारी बस झूमती, लहराती, धीमी-तेज गति से चली जा रही थी। गानों का रस घोले। शिमला से आगे जब पहले गाँव में बस रुकी। पास में बैठे एक सज्जन ने मुझसे पूछा समय क्या हुआ, सो घड़ी देखकर मैंने बताया नौ बजने में पाँच मिनट, उसने अपनी घड़ी मिलाई, बस फिर क्या था, बस में बैठे हर घड़ी वाले ने मुझसे समय पूछा और मैंने बताया। आख़िर सभी ने घड़ियाँ मिलायीं, मैंने सोचा क्या सबके-सब घड़ियाँ बन्द पहने हुए हैं या यहाँ रिवाज है मैदान से आने वाले व्यक्ति से समय पूछना, ख़ैर बस चल दी और एक बार फिर हम लोग खो गये पहाड़ों में।

अभ्रक की चट्टानों के पहाड़, पहाड़ों के बीच घाटी में चाँदी-सी चमकती स्लेट की छतों के घर, हमारे साथ-साथ दौड़ते दूर तक, फिर खो जाते, फिर जन्म ले लेते, कहीं-कहीं सीढ़ीदार खेत और चीड़ के वृक्ष, तो कभी एकदम से हज़ारों फुट ऊपर किसी अंधे मोड़ पर बस का मुड़ना आनन्द और भय के बीच का सफ़र चलता रहा। यह भय रोमांचित करता है, जो फ़िल्मों में लेते हैं। आदमी अपने भय-भूख की पूर्ति रोंगटे खड़ी कर देने वाली फ़िल्मों

में आसानी से कर लेता हे। जहाँ वह इस निश्चित भाव से बैठकर कि मैं पूरी तरह सुरक्षित हूँ – पात्र के साथ डूबता–उतराता रहता है। रोमांच पूरी सुरक्षा के साथ, किन्तु पहाड़ी सफ़र, जिसकी हमें कोई कल्पना नहीं थी। इतना ख़तरनाक भी हो सकता है – अब कर रहे थे। और अहसास हुआ। यूँ तो पहले भी कई बार पहाड़ों में सफ़र किया, किन्तु इस तरह का सफ़र पहला था। काफ़ी समय हो चुका था भूख भी जागने लगी थी, सोचा देख लें क्या समय हुआ, खाने का समय है या नहीं? घड़ी देखी तो माथा ठनका, घड़ी में समय हो रहा था नौ बजने में पाँच मिनट... अब बस में एक भी व्यक्ति नहीं बचा, जो सही समय बता सके।

अन्दाज़न दो घण्टे के सफ़र के बाद बस रुकी और हम लोग नारकुण्डा में थे, जहाँ से हिम आच्छादित हिमालय की चोटियों का दिखना शुरू होता है। यहाँ पर पूरी बस के यात्रियों ने खाना खाया, टहला, हाथ–पाँव सीधे कर फिर बस में जा बैठे। हिमालय की चोटियाँ दिखाई दे रही थीं, सफ़ेद बादलों में ठीक अन्दाज़ा करना मुश्किल हो जाता है कि पहाड़ कितना ऊँचा है? पहाड़ देखते–देखते बादल में तब्दील हो गया। पहाड़ पर मानों बादल टनों शुद्ध सफ़ेद चाक मिट्टी ढोल कर भाग गये। पहाड़ का घनत्व ख़त्म हो चुका था और एक सफ़ेद अपारदर्शी केनवास सामने था। एक पत्थर मारकर छेद में से आप पीछे नीला आसमान देख सकते हैं, कब पहाड़ उसमें उतर जाता है, यह पता ही नहीं चलता। पहाड़ आपके साथ दौड़ता हुआ चल रहा है, आप पहाड़ पर पहाड़ों को देखते हैं एक, दो तीन... चार, पाँच और अन्ततः पहाड़ों पर कभी न ख़त्म होने वाला सिलसिला देखते हुए आप एक सार हो जाते हैं फिर अचानक आप देखते हैं सफ़ेद आग की तरह धधकते हुए पहाड़ लाल लोहे की तरह सुर्ख–सफ़ेद पहाड़ भट्टी में से निकले तपते हुए पहाड़ सामने थे। हाथ लगा लो तो जल जाये।

पहाड़ बस के ब्रेक के साथ ग़ायब हो जाते हैं। शाम का समय था, हम लोग ज्यौरी पहुँच चुके थे, यहाँ चाय व नाश्ता किया जाना था। सब उतर पड़े और सामने दिखी–बिछी होटलों में घुस गये। आधे घण्टे बाद सब बस में थे और बस अपने सफ़र पर और सफ़र ख़तरनाक हो चला था। ज्यौरी से तापड़ी तक का रास्ता हज़ारों फुट गहरी खाईयों के ऊपर तीखे ख़तरनाक मोड़ों की निरन्तरता लिए हुए चल रहा था। एक मोड़ मुड़कर चैन की साँस लेने से पहले दूसरा उससे ज़्यादा ख़तरनाक मोड़ सामने होता है, साँस ले भी न पाओ, तीसरा फिर चौथा... बड़े–बड़े पहाड़ काट कर यह रास्ता सालों पहले बना और आज हम उस पर यात्रा कर रहे हैं, पहाड़ को चीरता पहाड़ी चश्मा कई बार आकर हमारी सड़क पर पसर जाता, बस ऊपर से गुज़र जाती, टायर गीले होते, ख़तरनाक मोड़ सामने आ जाता, धड़कन बढ़ जाती। आप शान्त, निश्चिन्त बैठ ही नहीं सकते। सारी बस चुप। गीत बज रहा है। आँखें पहाड़ों पर लगी है। दूर पहाड़ों पर एक सफ़ेद लकीर चाँदी–सी और कभी अचानक मोड़ के बाद सफ़ेद दूध–सा चश्मा। नाग के फन से कटे पहाड़ पर बनी सड़क। गहरी खाईयों के बीच चमकती छतें। दिखती ग़ायब

होती सड़कों के बीच सफ़र में हमारी बस रुकी एक देवी मन्दिर पर। बहुत-सी चैन की साँसें भरी गयीं। लोग उतर कर फैल गये। सब प्रसन्न थे, पता चला यहाँ दुर्घटनाएँ बहुत होती थीं, किन्तु जब से मन्दिर बना बन्द हो गयीं, पुजारी ने सबको प्रसाद दिया। टीका लगाया और फिर हम लोग चल पड़े। दुर्गम रास्तों के बीच अपरिचित माहौल में परिचित चीज़ को देखने का सुख बहुत बड़ा है और पहली बार हमारे सामने गहरी खाई के बीच हमारी आँखों के सुकून लिए हुए बह रही थी- 'सतलज' नदी। हम लोग उछल पड़े कि चलो कोई तो साथ है, जिसे देखा है, जाना है, महसूस किया है। सारा भय ग़ायब हो गया और सतलज के साथ-साथ बस बहने लगी। पहाड़ से उतर कर हमारी बस सतलज की तरफ़ बढ़ चली। धीरे-धीरे हम लोग बिल्कुल सतलज के पास आ गये। अभी तक यात्रा में हम लोग हज़ारों पहाड़ पर से गुज़रते आये। कब सड़क इस पहाड़ से उस पहाड़ पर होती है, घुमावदार रास्तों के कारण आप अन्दाज़ ही नहीं लगा पाते हैं। पता तब चलता है जब आपको अचानक वह पहाड़ बहुत पीछे दिखाई पड़ता है, जिस पर कुछ ही देर पहले आप थे। इस यात्रा में यह अनुभव अजीब ही था कि एक बहुत बड़े पहाड़ को दूसरे बड़े पहाड़ से जोड़ने के लिए एक छोटा-सा पुल जब सामने दिखा। यात्रा का पहला पुल सतलज पर। बस ने पुल पार किया और सतलज का बहाव उल्टा हो गया। अब हमारे साथ सतलज नहीं बह रही थी, वह विपरीत दिशा में जा रही थी। पहाड़ों पर धूप निकल आई थी, कभी-कभी कोई बादल का टुकड़ा पहाड़ शरीर को ढँक लेता, अन्यथा सभी पहाड़ नंग-धड़ंग खड़े थे। दूर पहाड़ों की बर्फ़ से ढँकी चोटियाँ थीं, जो स्वयं बादल थीं। एक मात्र चोटियाँ - चोटियाँ लगाये हुए। सतलज के विपरीत, साथ-साथ चलते हुए हमारी बस पहुँची तापड़ी और वहाँ छोड़ दी जहाँ ढाँक गिरी थी। बारिश के कारण ये विशाल पहाड़ धसकने लगते हैं। कभी-कभी इतनी बड़ी चट्टानें गिरती हैं जिन्हें साफ़ करने में महीनों लग जाते हैं। जहाँ ढाँक गिरती है वहाँ बाद में कई दिनों तक 'पथरा' चलते हैं, छोटे-बड़े पत्थरों की वर्षा होती रहती है, पार करने वाले को सतर्कता के साथ-साथ भाग कर पार करना होता है। बस जहाँ ढाँक गिरी थी वहाँ से थोड़ा पहले रुक गई और सब लोग अपना सामान लेकर उतर पड़े। ढाँक गिरे कई दिन हो चुके थे, सेना के जवान व बुलडोजर सफ़ाई में लगे थे, हम लोगों ने ढाँक पार की और पैदल चल दिये अगले गाँव करछम की ओर। दो किलोमीटर सामान के साथ पहाड़ पर चलने का मतलब समझ में आने लगा था। दूर-दूर तक सड़क, पहाड़ और सतलज थी। करछम से कुछ पहले सेना के दो ट्रक खड़े थे, जवानों को लेने, हमें भी लिफ्ट मिल गई। पुजारी तक शराब के नशे में धुत ड्रायवर के हाथों में हमारी सभी की जानें सुरक्षित पहुँची। पुजारी से कल्पा तक असिस्टेन्ट कमिश्नर की जीप की सुरक्षित यात्रा भी हम लोगों का भय दूर नहीं कर पाई। दिन भर की यात्रा के थके माँदे हम लोग सर्किट हाउस में गहरी नींद के आगोश में डूब गये। मेरी नींद में भी यात्रा के भय ने एक बार पुनः यात्रा की।

17 मई, 1987

कल्पा में सुबह नींद खुली, चौकीदार गिरधारी के दरवाज़ा खटखटाने से, ठण्ड के मारे बुरा हाल था। तरोताज़ा उठे। बाथरूम में गीजर देखकर जान में जान आई। चाय पीकर बाहर निकले तो देखा अद्‌भुत दृश्य। सामने के सारे पहाड़ जो हम रास्ते भर देखते हुए आये, बर्फ़ ओढ़े खड़े थे। पूछने पर पता चला यह कैलाश पर्वत शृंखला है। किन्नर कैलाश पर्वत का शिवलिंग साफ़ सामने दिख रहा था। रोम-रोम रोमांचित हो गया। दिन बिल्कुल साफ़ था। धूप बिखरी पड़ी थी। सफ़ेद पहाड़ी की चोटियाँ शान्त, गम्भीर, अचल। पहाड़ों की निचली तरफ़ बादल तैर रहे थे, देखते-देखते बर्फ़ बढ़ती गई। तैयार होकर नाश्ता किया और डिप्टी कमिश्नर के घर चल दिये, वहाँ पर उन्होंने तुरन्त ही हमे जीप उपलब्ध करा दी, हम लोग नीचे के गाँव कोठी पहुँचे। कोठी में गाँव के पुजारी से मुलाकात हुई, उसने दो-तीन लोगों से मिलवाया। हमने मन्दिर देखा, मन्दिर कोठी माता का, कोठी माता अन्दर पालकी पर बैठी थीं और पूरा अलंकरण बौद्ध मठ से प्रभावित था। मन्दिर के दरवाज़े पर चाँदी के पतरे पर रिलीफ वर्क किया हुआ था। सभी रूपाकार तिब्बती कला प्रभाव लिए हुए थे। सभी मन्दिरों के दरवाज़ों, चौखटों आदि पर गाँव का लोहार यह काम करता है, जो अभी किसी दूसरे गाँव मन्दिर बनाने गया हुआ है। पूरे मन्दिर का यह ढाँचा लकड़ी का था और सभी पर खुदाई करके कुछ न कुछ बनाया हुआ था। लकड़ी का काम करने वाले श्री श्यामलाल जी से मिले, उनके पास कोई काम तैयार नहीं था, वे भी जब मन्दिर बनना हो तभी करते थे। हम लोग काफ़ी देर तक उनसे बात करते रहे, हालाँकि वे सब किन्नर थे, किन्तु अब उन लोगों पर बौद्ध मठों का इतना ज़्यादा प्रभाव हो चुका था कि वे अपने सभी सामाजिक-धार्मिक कार्य 'लया' से पूछ कर ही करते हैं। 'लया' (बौद्ध मठ के पुजारी का नाम) ही गाँव के सभी धार्मिक कृत्य पूरा करना, जन्म व मृत्यु के कर्मकाण्ड बच्चे का नामकरण आदि सभी 'लया' के हाथ में होता है।

हम गाँव में घूम रहे थे, साथ ही साथ देखते चल रहे थे कि अचानक मेरी नज़र एक घर की ऊपर की मंज़िल पर दीवार पर पड़ी जहाँ पर गोबर से लिपी दीवार पर सफ़ेद रंग की टिपकी दिख रही थी। हम लोग उस घर में गए देखा दीवार पर 'टिपकी' (गोल बिन्दियाँ) से एक भित्तिचित्र बना था। हमने उस घर की महिला से, जिसने बनाया था, बातचीत शुरू की। यह भित्तिचित्र होली के त्योहार पर बनता है। बनाने के लिए सफ़ेद रंग तीन-चार दिन पहले से ही मन्दिर में बनाना शुरू किया जाता है, फिर 'मौतमी' (जिसके मुँह में देवी बोलती है) यह रंग प्रसाद के रूप में गाँव की महिलाओं को वितरित करता है, जिससे वे अपना घर 'टिपकियों' से सजाती हैं, बीच-बीच में जानवर, पेड़-पौधे, हल-बैल आदि भी बनाते चलते हैं, इसे 'फागुली' कहा जाता है और यह फीकी और रंगीन होली (धुलेंडी और रंगपंचमी) के बीच के दिनों में बनाया जाता है।

मौसम करवट बदलने लगा, बारिश होने लगी थी, हम लोग वापस कल्पा लौट आये।

रेस्ट हाउस में मिली गुलाबों बाई। अर्चना उनसे जानकारी लेने बैठ गई और मैं फिर पहाड़ों के साथ था। इस बार पहाड़ अपने ऊपर बादलों को ओढ़े था। बर्फ़ से ढँका पहाड़ ग़ायब हो चुका था। निजा के पेड़, चीड़ के वृक्ष ही थे, पहाड़ के अस्तित्व को ज़िन्दा रखने वाले सफ़ेद बादलों को छूते हरे पेड़। शाम तक ठण्ड बहुत बढ़ गयी थी। कमरे में काफ़ी ठण्ड थी एक हीटर की दो लाल सुर्ख सलाखें सिर्फ़ दिखाई दे रही थीं, उसकी गर्मी महसूस करना मात्र अनुभव की बात थी। मोटी-मोटी दो रजाईयाँ, एक शाल, एक कम्बल ओढ़े, सभी गर्म कपड़े पहने हम लोग सो गये।

18 मई, 1987

आज सुबह फिर गिरधारी ने ही जगाया। कल की तरह फिर मौसम साफ़ था, कैलाश पर्वत पर सफ़ेद बालू की तरह बर्फ़ पड़ी थी, मुलायम, चमकती हुई। पर्वत पर एक कुर्सीनुमा चट्टान दिखी, यह कुर्सी पार्वती जी की 'पर्सनल' कुर्सी थी, जिस पर बैठकर वे धूप सेंका करती हैं। ऐसा कहा जाता है कि ऊपर पहाड़ पर एक छोटा-सा तालाब है, जहाँ पार्वती जी स्नान कर इस कुर्सी पर बैठ जाती हैं। इस किन्नर कैलाश पर शिवलिंग का दिखाई पड़ना भी मुश्किल होता है, कुछ ही भाग्यशाली देख पाते हैं, जिनमें से हम एक लोग थे जिन्हें दोनों दिन सुबह-सुबह दर्शन लाभ मिला। तैयार होकर हम लोग डी.सी. के यहाँ गये, वहाँ से उनके ऑफ़िस और ऑफ़िस से उन्होंने हमारे साथ डी.पी.आर.ओ. श्री खजान सिंह को कर दिया। उन्हें साथ लेकर कल्पा 'एम्पोरियम' देखने गये, जो कि बन्द था। 'एम्पोरियम' का मालिक शादी करवाने नीचे गया था। कल्पा मन्दिर देखने गए। वहीं सब था। ठीक कोठी माता के मन्दिर की तरफ़ खजान सिंह जी के दफ़्तर आये, वहाँ पर तय किया, यहाँ कल्पा के आसपास जहाँ हम जा सकते थे, जाएँ और वहाँ से वापस शिमला पहुँचे। कल्पा से जाने वाले रास्ते चारों तरफ़ से धड़ाधड़ बन्द हो रहे थे और इन दो दिनों में बहुत से मृत्यु के समाचार सुन चुके थे। यहाँ पर से बाहर जाने का रास्ता पूरी तरह बन्द हो उसके पहले ही हमें निकल जाना चाहिए। सामने तारघर से स्वामी जी को तार किया। कोठी गये, वहाँ पर जिन लोगों से काम करवाया था, वो इकट्ठा कर वापस रेस्ट-हाउस आये, फिर पांगी गाँव के लिए चले, जो कि नज़दीक ही था, किन्तु पिओ में पता चला वह भी रास्ता बन्द हो चुका है। हम पिओ में ज़िला भाषा अधिकारी से मिले, उनसे बातें कीं और वहाँ के कलाकारों के बारे में पूछा, किन्तु सरकारी कर्मचारी, जो कि अक्सर अपनी पोस्टिंग को लेकर असन्तुष्ट होता है, की तरह ज़िला भाषा अधिकारी भी अपने ज़िले के बारे में कम जानकारी रखते थे। वे शायद ही समझ पाये कि हमें क्या जानकारी चाहिए, मुझे शक हुआ इन्हें अपने बारे में भी मालूम है या नहीं। फिर रेस्ट-हाउस। फिर नींद। कल सुबह वापस जाना है शिमला।

19 मई, 1987

आज सुबह छः बजे के बहुत पहले ही नींद खुल गई। जा कर चौकीदार को उठाया, उसे गर्मागर्म चाय बनाने को कहा। हम लोग तैयार हुए, जब तक वह चाय ले आया। चाय पीकर बैठे ही थे कि गाड़ी लेकर श्री खजान सिंह जी आ चुके थे, हम रवाना हो गये। पीऊ से उनके एक दोस्त को लिया और गाड़ी दौड़ पड़ी टापरी की ओर, टापरी से हमें बस पकड़नी थी। रास्ते में उन जगहों को ग़ौर से देखा, जहाँ ढाक गिरी थी और जो हिस्सा हम लोगों ने अनजाने में पैदल चलते हुए पार किया। पूरी सड़क फिर से ठीक की जा रही थी। बड़ी-बड़ी चट्टानों को तोड़कर मज़दूरों ने सतलज में फेंक दिया था। कच्ची सड़क तैयार थी, उस पर से सिर्फ़ जीप आ-जा रही थी। इस पूरी सड़क पर हमेशा दो-तीन ट्रक मजदूर, कुछ बुल्डोजर, एक रोलर एवं सड़क बनाने का सामान आदि घूमता ही रहता है। मजदूर, बाईयाँ सब छत्तीसगढ़ से काम करने यहाँ आए थे। यह भी मज़ेदार बात है भारत सिर्फ़ इन्हीं लोगों के कारण एक है, ऊपर के सभी लोग भारतीय नहीं हैं। इस कारण नाडूदेशम् आदि का झगड़ा बन्द ही नहीं हो रहा है। 'पहाड़' पर छत्तीसगढ़ी टापरी आ गया। हम लोग शिमला का टिकिट लेकर चाय पीने बैठ गये। ठीक साढ़े नौ बजे शुरू हुआ ख़तरनाक रास्तों का सफ़र। रास्ते भर ध्यान से देखते रहे। पहाड़ पर नज़र नारकुण्डा में पहुँचकर ही पहुँची। वो अनजाने पहाड़ आज से कुछ दिन पहले, जिन्हें हम देखकर गये थे, सब पहचाने-से लगे। बर्फ़ बढ़ गई थी सो इस छोर से उस छोर तक सभी पहाड़ सफ़ेद हो गये। अपनी-अपनी चोटियों से जहाँ-जहाँ बर्फ़ थी, वह हिस्सा कटकर अलग हो चुका था। वे सब बादलों का एक हिस्सा बनकर तैर रहे थे, आसमान में। बचे हुए नंगे पहाड़ खड़े थे अपने एक अंग को बादल में समा देने को बेताब। खाना खाकर फिर बस में, फिर सिलसिला शुरू रास्तों को देखने का। छः बजे शिमला, होटल, नींद, आराम।

20 मई, 1987

सुबह आठ बजे नींद दरवाज़ा खटखटाने से खुली। कमरे की सफ़ाई करने वाला हाथ में झाड़ू लिये खड़ा था। अब उठ ही गये तो सोना क्या? जाकर बर्फ़ जैसे ठण्डे पानी से स्नान किया, तो सफ़र की बची हुई थकान भी पानी में बह गई। तैयार हुए और पहुँचे आई.जी., सी.आई.डी. रतिराम वर्मा के पास। वे स्वामी जी के बारे में पूछते रहे। आई.जी. कुर्सी के लिए बिल्कुल ठीक आदमी, स्मार्ट और तेज़ और जो-जो भी ज़रूरी है, वह सब उनमें था। फिर चम्बा एस.पी. के नाम पत्र दिया और हम लोग राज्य संग्रहालय आ गये। संग्रहालय देखा, पहाड़ी कमल के लघुचित्र, मूर्तियाँ व अनेक वस्तुएँ। लौटते में स्वामी जी को तार किया चम्बा जाने का और होटल से सामान लेकर बस स्टैण्ड से टैक्सी मिली कालका के लिए। कालका से अम्बाला जाने के लिए टिकिट लिया, ट्रेन रात को साढ़े ग्यारह बजे है, और अभी आठ बजे हैं। टिकिट जेब में डालकर बैठे हैं, अम्बाला जाने के लिए।

21 मई, 1987

कालका से अम्बाला सफ़र के बारे में लिखा, देश की बढ़ती हुई आबादी से उत्पन्न ख़तरों के बारे में लिखने में आता है। हमारे ट्रेन को आउटर पर रोक दिया गया था और जो दो ट्रेन झनझनाती हुई गुज़रीं, उनमें से एक पठानकोट ले जाने वाली थी, यह स्टेशन पर उतर कर पता चला। साथ ही मालूम हुआ कि अब सुबह साढ़े पाँच बजे 'हिमगिरी' पठानकोट के लिए जाने वाली है। घड़ी में समय दो का था। फिर एक बार इन्तज़ार करने का वक़्त था। प्लेटफार्म पर रखी एक बैंच पर अर्चना सो गई और बची हुई जगह पर मैं बैठकर प्लेटफार्म की सूखी गहमागहमी देखता रहा। अम्बाला छावनी होने के कारण मिल्ट्री के जवान व पंजाब में होने के कारण बहुत से पुलिसवाले मय बन्दूक के प्लेटफार्म पर थे। सुबह के चार जूतों की आवाज़ों ने बजा दिये। नींद आने लगी थी, अर्चना को उठाकर मैं सो गया आधे घण्टे की आवश्यक नींद के लिए। पाँच बजे अर्चना ने उठाया। और पठानकोट के लिए टिकिट लेकर वापस पहुँचा ही था कि प्लेटफार्म पर ट्रेन आने की सूचना मिली। प्लेटफार्म नं.-2 के लिए सामान उठाकर ट्रेन में सवार हुए। ट्रेन में जगह अल्लाह के फ़ज़ल से मिल गयी। दोनों ही ऊपर की एक बर्थ पर बैठ गये। कुछ देर बाद सामने की बर्थ भी ख़ाली हो गयी तो लेट गये। रास्ते भर मैं सोता रहा। सफ़र पाँच घण्टे का था। स्टेशन आने पर अर्चना ने उठाया, नीचे उतरे तो मालूम हुआ यह चिक्की स्टेशन है। पठानकोट यहाँ से पाँच-सात किलोमीटर दूर है। पहली बार देखा कि रेल-विभाग से टिकिट पठानकोट का जारी किया गया और उतारा उससे पहले। हिमगिरी पठानकोट जाती ही नहीं। बाहर साईकिल रिक्शा थे, उसमें सवार होकर बस स्टैण्ड पहुँचे, जहाँ से चम्बा की बस पकड़ी। बस पठानकोट से चली, बाहर निकली ही थी कि ट्यूब फट गया। स्टेपनी बदलने के दौरान हमने सामने वाले ढाबे में खाना खा लिया। बस चली। इस बार बस में कोई पहाड़ी राग के गीत नहीं बज रहे थे, बल्कि शोर-शराबे वाले पंजाबी गाने थे। सफ़र की शुरुआत ही बेढब थी, आगे और भी ख़राब ही रही।

'धौलाधार' की पहाड़ी श्रृंखलाएँ अपनी ख़ूबसूरती फैलाये इन्तज़ार कर रही थीं हमारी बस का। पूर्वानुभव के कारण इस बार पहाड़ के अंधे मोड़ों का भय कम था, किन्तु फिर भी बस जब कगार पर होती तो मजबूत दिल में भी लहर तो उठेगी। पहाड़ की ऊँचाई के विभिन्न स्तर अच्छे-ख़ासे गणितज्ञों को ग़लत साबित कर सकते हैं। एक पहाड़ से उतरते-उतरते जब दूसरे पहाड़ पर होते हैं तो उतरना उतना ही बाक़ी होता है, जितना उतर आये। और दूसरा पहाड़ उतरने के बाद सामने तीसरा, चौथा ऐसे अनगिनत पहाड़ों की उतराई बाक़ी होती है। उतरते-उतरते यह सोचने में आया कि अगर मैदानी इलाक़ों में इतना उतर जाएँ तो निश्चित ही पाताल लोक में शेषनाग से मिल आएँगे। लगातार उतरने के बाद भी 'रावी' जो तराई में बह रही है, विचित्र-सी दिखाई पड़ती है। दूरी इतनी है कि वेग से बहता पानी स्थिर, गतिहीन मालूम देता है, बग़ैर नज़रों से दूर हुए रावी को देखते बस का दूसरा पहिया

पंक्चर हुआ, तब रावी बिलकुल सामने थी और उसके वेग से उत्पन्न आवाज़ में बातें करना गले की वर्जिश का कारण बन गई थी। इस बार बस पाँच पहियों पर चली और अम्बाला पहुँची। तब शाम के सात बज रहे थे। सुबह दस बजे से शाम सात बजे तक का यह सफ़र थकान का ढेर ले आया था। रेस्ट हाउस पहुँचे तो कोई जगह नहीं। सी.सी. चम्बा के घर पहुँचे तो उनके पास समय नहीं था। फिर भी उन्होंने दस जगह फ़ोन करके हमें बताया कि किसी रेस्ट हाउस में जगह नहीं है। उन्हें धन्यवाद देकर हम लौटे तो रेस्ट हाउस में ठहरे, दो मेडिकल रिप्रेजेन्टेटिव्स ने अपना कमरा हमें दे दिया और वे लोग बाहर खाने के कमरे में सोने चले गये। ठण्ड ज़्यादा नहीं थी, मौसम अच्छा था, कल के कार्यक्रम तय करते हुए हम लोग आँखों तक नींद ले आए।

22 मई, 1987

सुबह एस.पी. श्री भण्डारी से मिले, उन्होंने आश्वासन दिया जीप की व्यवस्था कर देने का, किन्तु ग्यारह बजे के क़रीब हमने जब तक पूरा भूरीसिंह म्यूजियम देख डाला, पता चला कि एस.पी., डी.एस.पी. दोनों चम्बा के निकट 'टिसा' गाँव में चले गये हैं – कोई एक लाख की चोरी के मामले की तहक़ीक़ात करने। अब हमारे साथ थे ज़िला भाषा अधिकारी श्री प्रेम शर्मा, उनसे हमने किराये पर जीप आदि लेकर 'भरमौर' गाँव चलने के लिए कहा। शर्मा जी से पता चला 'गिद्दी' जनजाति के लिए भरमौर व 'गुज्जर' जाति के लिए 'साहू' गाँव जाना होगा। गाड़ी की व्यवस्था हो चुकी थी, हम निकल पड़े।

23 मई, 1987

आज मौसम साफ़ नहीं है, सुबह से धीमी–धीमी बारिश हो रही थी। बादल घटाटोप छाए हुए हैं। हम लोग पहाड़ी रास्ते पर थे। पहाड़ों में, पहाड़ों पर बने ख़तरनाक रास्तों पर गाड़ी थी। हमें अन्दाज़ा भी नहीं था कि यह धीमी बारिश भी मृत्यु का कारण बन सकती है। लूणा गाँव से आगे छोटे से पुल को पार कर जब हमारी गाड़ी भरमौर की ओर बढ़ रही थी, पानी की इन नन्हीं–नन्हीं बूँदों ने अपना काम पूरा कर दिया था। रास्ते में एक देवी मन्दिर पर ड्रायवर ने गाड़ी रोकी, देवी जी को प्रणाम करके वह लौटा और फिर हम आगे चल दिये। खिड़की से बाहर मैंने देखा- छोटे-छोटे कंकड़, मिट्टी धीरे–धीरे सरक रहे हैं, बादल बिल्कुल हमारे साथ थे, बल्कि हमारे नीचे थे, हमारे ऊपर थे। धुन्ध इतनी थी कि चार–पाँच फुट से ज़्यादा दूर का देखना मुश्किल था। मैंने उन्हें बताया कि पत्थर गिर रहे हैं, ड्रायवर व श्री प्रेम शर्मा ने कहा कोई बात नहीं है निकल जाएँगे। गाड़ी बिल्कुल धीरे–धीरे चल रही थी। सामने सड़क पर कुछ बड़े पत्थर पड़े हुए दिखे। हम लोग भरमौर से सिर्फ़ तीन किलोमीटर दूर थे। शर्मा जी उन पत्थरों को हटाने लगे, ड्राइवर ने गाड़ी आगे बढ़ाई, मैंने खिड़की से ऊपर देखा तो साक्षात् मृत्यु सरकती हुई चली आ रही थी, मैं चिल्लाया गाड़ी रोको और तुरन्त पीछे लो। ड्राइवर भी दृश्य देख चुका था, शर्मा जी

भी। ड्राइवर का चेहरा पसीने से भर गया, कुछ देरी के लिए तो वह होश भी खो चुका था। मैंने तुरन्त उसे शान्त स्वर में आराम से गाड़ी धीरे-धीरे पीछे लेने को कहा। इतने में एक बड़ा पत्थर बोनट पर गिरा, अब तक ड्राइवर भी सँभल चुका था, उसने गाड़ी रिवर्स में डाल दी। शर्मा जी भागकर लौट रहे थे, एक पत्थर उन्हें भी आकर लगा। ख़ैरियत यह थी कि वह चोट उन्हें गम्भीर नहीं कर गई। पूरा का पूरा पहाड़ चल पड़ा था। गाड़ी तेज भी नहीं भगाई जा सकती थी, दूसरी तरफ़ गहरी खाई। रिवर्स में वैसे भी गाड़ी चलाना मुश्किल है। पाँचेक फलाँग तक हम पहुँचे ही थे कि पूरी सड़क पर, जहाँ हम कुछ देर पहले थे, पहाड़ गिर चुका था। बाल-बाल बचे, गाड़ी जाकर रुकी देवी जी के मन्दिर पर, इस बार सब उतर पड़े – 'भय बिन प्रीत ना होए गोसाईं'। सब मन्दिर में देवी जी की मूर्ति के सामने श्रद्धानत थे। वहाँ पर साँस लौटी, उस पर काबू पाया। चारों ने अपने-अपने ढँग से वर्णन किया। उधर कुछ लोग जो पैदल जा रहे थे, लौट आए थे, उनसे पता चला पूरा रास्ता बन्द हो चुका है। उन्होंने हमें बच आने के लिए बधाई दी। मृत्यु का अहसास सत्य को उजागर करने लगा। मन ही मन चारों प्रसन्न थे, साथ ही वापसी के रास्ते में कोई दुर्घटना न हो, इसकी प्रार्थना देवी जी से कर चुके थे। हम लोग यदि एक मिनट पहले उस स्थान पर होते तो निश्चित ही कोई बचा नहीं सकता था। यह एक मिनट ड्राइवर से देवी जी ने चुराया था हमारी जानें बचाने के लिए। गाड़ी पलटाई गई और वापसी की यात्रा शुरू। रास्ते में पड़ने वाले गद्दी गाँवों में जाने का तय किया गया। शर्मा जी ने बताया नीचे लूणा गाँव के बस स्टैण्ड पर कई गद्दी मिल जाएँगे। रास्ते भर होने वाली घटना के बारे में चर्चा चलती रही। मेरे मन में एक नई कहावत ने जन्म लिया- 'बूँद-बूँद से गिरी गिरता है।'

लूणा बस स्टैण्ड पर कई गद्दी मिल गये। सकुशल चम्बा पहुँचे। दूसरे दिन वापस जाने का तय किया। अब यहाँ रुकने में कोई सार नहीं था। पांगी हम जा नहीं सकते थे। बर्फ़ गिरने के कारण सारे रास्ते बन्द हो चुके थे।

(2)

उत्तरप्रदेश

24 मई, 1987

सुबह बस स्टैण्ड से टिकट कराया पठानकोट का। बस में तमिल फ़िल्म हिन्दी में डब की हुई दिखाई जा रही थी, 'राम वनवास' फ़िल्म देखते हुए रास्ता कट गया। निर्देशक ने बहुत ख़ूबसूरती से *रामचरित मानस* से तीन कैबरे

दिखाने की छूट ले ली थी, सो पहले दो, शूर्पणखा क्रमशः राम, फिर लक्ष्मण के सामने कैबरे के नाज़ुक अंग संचालन दिखा गई। तीसरा विलासी राजा रावण के दरबार में एक अन्य नृत्यांगना ने अंग प्रत्यंग पर अपना समानाधिकार का एक अध्याय बताकर पूरा किया। वनवास समाप्ति के साथ फ़िल्म समाप्त हुई। पहाड़ का अधिकांश ख़तरनाक रास्ता पार हो चुका था। अब दूर दिख रहे थे वे पहाड़ जिन पर हम थे, जहाँ से बचकर लौटे थे। विशाल पृथ्वी का मैदानी विस्तार सामने था और दूर वे छोटे-छोटे पहाड़ दिख रहे थे, ख़ूबसूरत मॉडल से जिसकी विशालता, भयानकता उन्हीं पर जाकर अनुभव की जा सकती है। इसी तरह पहाड़ों में रहकर पृथ्वी का विशाल, विराट, भव्य स्वरूप का अन्दाज़ा पहाड़ों में नहीं हो सकता। आसमान सिमट जाता है चार चोटियों में। पठानकोट से लखनऊ के लिए टिकट लिया। हमारी यात्रा के दूसरे चरण का प्रारम्भ।

25 मई, 1987

'हिमगिरी' एक्सप्रेस वाकई सुपरफास्ट है। पठानकोट से लखनऊ की। दूरी सत्रह घण्टों के अल्प समय में तय की। शाम पाँच बजे हम लोग लखनऊ में थे। 'शामे अवध' का लुत्फ लेते हुए गाँव पहुँचे। आराम से सोने का, घर का खाना खाने का आनन्द अद्‌भुत है।

26 मई, 1987

आज सुबह उठकर सचिवालय चल दिये। उत्तरप्रदेश सरकार अपने भ्रष्ट कर्मचारियों के लिए कुख्यात है, जिसका प्रत्यक्ष दर्शन आप लखनऊ में कहीं भी कर सकते हैं। सचिवालय पहुँचे, उस वक़्त एक बज रहा था, लंच टाइम हो चुका था। अतः सब जा चुके थे। वापस अमीनाबाद गए, वहाँ से आवश्यक सामग्री ख़रीदकर फिर सचिवालय पहुँचे। सचिव महोदय से बात की, उन्होंने जैसे ही पत्र दिया हम लोग भाग लिए। डायरेक्टर, ट्रायबल वेलफेयर से मिलने गये, पता लगा वे जा चुके थे। समय छः का था, सात बजे की ट्रेन नियमित समय से चालीस मिनट देरी से थी सो ट्रेन भी मिल गई, किन्तु ट्रेन में जगह मिलना लखनऊ जैसे स्टेशन से एक असम्भव कार्य था। हिन्दुस्तान में अपनी जनसंख्या के लिए पहला दर्जा पाने वाले राज्य की राजधानी में कितनी ही लम्बी से लम्बी अधिक यात्री ढोने वाली ट्रेनें भी चला दी जाएँ तो वह ख़ाली जा ही नहीं सकती। डिब्बों में जगह बाहर से ढूँढ़ते-ढूँढ़ते ट्रेन चली गई। अब दस बजे थी हमारी अपनी गाड़ी- 'जयन्ती जनता'। ठीक दस बजे ट्रेन हाज़िर थी एक घण्टे देर से जाने के लिए। इस कारण टी.सी. को बुलाकर कुछ ले-देकर एक बर्थ मिल गई। ट्रेन चलने पर उसने सिर्फ़ पैसे के कारण दूसरी बर्थ भी दी - हमने ली - और सो गये।

27 मई, 1987

दोपहर बारह बजे देहारदून आया। उत्तरप्रदेश का चरित्र रात भर में भुगता और दिन भर यहाँ भुगतना था। रात में किसी ने अर्चना के कान से सोने का बाला निकाल लिया। मेरी सर के नीचे रखी चादर उड़ा ली। एक अन्य यात्री को नंगे पाँव कर दिया व कई अन्य सुना रहे थे, हाथ की सफ़ाई के बारे में। देहरादून में हर चीज़ 'दून' लिए हुए है। आटों का अदृश्य मीटर मिनिमम 5 रुपये से शुरू होता है। कहीं भी चले जाओ 'दून संस्कृति' दून के प्रधानमन्त्री पर गर्वित, दनदना रही है। डी.एम. सुबह नहीं मिले, खाना खाने चले गये। शाम को चार बजे बुलाया और मसूरी चले गये। ए.डी.एम. के पास गये तो वे सूखे को छोड़ 'हरियाली' पर मिटिंग कर रहे थे। साढ़े छः बजे फुर्सत मिली, हमारे पास आए और चले गये। हम लोग मि. कौशल से मिलने गए, उनसे काफ़ी जानकारी मिली, दूसरे दिन चकराता जाने का निश्चय कर हम लोग होटल आ गए।

28 मई, 1987

सुबह मौसम साफ़ था। बस ठीक समय चकराता के लिए चल पड़ी। मैदान से फिर पहाड़ की तरफ़ यात्रा शुरू। दून के बाहर निकले पहाड़ धँसकने का कोई ख़तरा नहीं था। हिमाचल की सड़कें बहुत व्यवस्थित हैं, किन्तु उत्तरप्रदेश में सड़क और ठेकेदार के बिगड़े हुए सम्बन्ध गड्ढों और कच्ची सड़क के रूप में दूर-दूर तक धूल के गुबार में सफ़र करने को मजबूर करते हैं। पहाड़ की सड़कों को प्राथमिकता दी जानी चाहिए। मगर ऐसा नहीं है। अभी देश में कई प्राथमिक ज़रूरतों के लिए प्राथमिक कदम उठाये जाने के बारे में विचार चल रहा है। फ़िलहाल प्राथमिकता कुर्सी को दी गई है। जिसके पीछे ख़ूब झगड़ा चलता रहता है। 'चुनाव' नाम का नाटक भी खेला जाता है, जिसमें सभी किरदार अपना-अपना पाठ अदा कर कुर्सी सौंप जाते हैं। सन्तोषी भारतीय इन्तज़ार कर रहे हैं, मर रहे हैं - चालीस साल से। प्राथमिक ज़रूरतों को पूरी करने के लिए। उन्हें पूरा विश्वास है 'सन्तोषी माता' पर। रेंगती, सरकती, रुकती, बजती, हिलती, बस कालसी तक पहुँच चुकी थी। बस बाहर से अच्छी रंगी-पुती थी। बुढ़ापे का रहस्य अन्दर बैठने पर ही खुला। सारे कल-पुरजे अपनी पूरी आवाज़ में बज रहे थे। 'मैकेनिक विशेष' ने उसमें ख़ासतौर से पहाड़ों के लिए 'जलवा' हारन फिट किया था। हार्न के साथ पूरी बस बजती थी। 'जलवा' हारन से विशेष प्रेम होने के कारण उसे उल्टा फिट किया गया था। हार्न बजने पर बस में बैठे यात्री के कान फट जाते हैं, किन्तु सड़क पर टहलते आदमी, जानवर, ढोर, बस आदि को ब्रेक की आवाज़ पर बिदकना पड़ता था।

कालसी उतरे तो कान सुन्न थे। अब यहाँ रुकना था। आगे का रास्ता 'वन वे' था। उधर से आने वाली गाड़ियों के आने के बाद इधर से गाड़ियों को छोड़ा जायेगा। इधर-उधर घूमते रहे, फिर बस चली साढ़े ग्यारह बजे चकराता

पहुँचे। वहाँ एम.डी.एम. से मिले, तुरन्त ही थाना गाँव के लिए हम लोग चल दिए। गाँव थाना में जौनसार जनजाति के लोग मिले। यहाँ पर वैसे सभी जौनसारी है, दफ़्तर में लगे बाबूओं को छोड़कर जो 'दून' से आये हैं। ख़ूबसूरत तीख़े नाक-नक्ष वाली जौनसारी महिलाएँ। शाम तक काम किया। फिर लौटे रेस्ट हाउस की ओर, कल दून वापस। दून से नैनीताल। इन पहाड़ों को मैदानी संस्कृति ने बहुत प्रभावित किया। यहाँ अपनी परम्परा छोड़कर मैदानी सभ्यता अपनाने का बड़ा रिवाज़ है। एस. कुमार्स अपनी पूरी रेंज के साथ आ चुके हैं, प्लास्टिकीकरण इन्हें अपनी परम्परागत लकड़ी के बर्तनों को छोड़ने-छुड़वाने का दृढ़ निश्चय कर पैर जमा चुका है। अभी भी गाँव के कोने-कचरे में टूटे हुए लकड़ी के छोटे बर्तन देखे जा सकते हैं। लकड़ी के मकानों में रिलीफ वर्क अब कहीं नहीं बचा। एल्युमिनियम के बर्तन भी बाज़ार में देखे जा सकते हैं - छोटे से छोटे गाँव में लेटेस्ट मिल जाता है - चाहे वह जूता ही क्यों न हो। बस एक चीज़ है जो बची है - आज भी पढ़-लिख लेने के बाद भी ख़ूबसूरत जौनसारी लड़की अपनी परम्परागत पोशाक में ही दिखाई पड़ती है। जिनकी शादियाँ बाहर हुई हैं, वे पंजाबी सूट पहने दिखती हैं। एक और सबसे अच्छी बात यह है कि यहाँ ऐसे नौजवान भी मिल जाते हैं, जिन्होंने पिछले दस-पन्द्रह सालों में कोई फ़िल्म नहीं देखी है।

29 मई, 1987

आज ईद है। हम लोग कालसी से निकले और क़रीब बारह बजे तक देहरादून पहुँचे, शाम साढ़े सात बजे ट्रेन थी बरेली के लिए। बरेली से नैनीताल की बस यात्रा। काफ़ी समय था तो पहाड़ों की रानी 'मसूरी' हम लोग चले। एक घण्टे में हम मसूरी में थे। यहाँ से देहरादून दूर घाटियों के चारों तरफ़ से पहाड़ों से घिरा नज़र आता है। यहाँ भी माल रोड थी, किन्तु शिमला के माल के सामने फीकी। चार बजे वापस जाना था, अतः जल्दी हम लोग पूरा माल घूम-घाम कर वापस देहरादूर चल पड़े। देहरादून से ज़्यादा भ्रष्ट शहर आपको हिन्दुस्तान में नहीं मिलेगा - यहाँ का हर आदमी प्रधानमन्त्री है, जो सही बोल रहा है और सही सोच रहा है देश के लिए। यहाँ के किसी भी आदमी में आदमीयत मिली ही नहीं। मोची से लेकर सरकारी ओहदों पर बैठे ऊँचे अफ़सर तक। ना जाने किस हिन्दुस्तान की संस्कृति लिए बैठे हैं। सबके-सब स्वार्थ - वह भी बहुत छोटा - पूरा करने के क्षुद्र प्रयासों में लिप्त, 'घाटी के मेंढ़क'। साढ़े सात बजे तक टिकिट घर से बाकायदा रिश्वत लेते हुए बाबू ने हमें दो बर्थ दीं। ठीक बरेली तक का टिकिट।

30 मई, 1987

सुबह बरेली में ही नींद खुली। यहाँ हम उतरे प्लेटफार्म पर पता चला कि साढ़े पाँच बजे एक ट्रेन काठ–गोदाम तक जाती है, वहाँ से नैनीताल तक डेढ़ घण्टे का रास्ता है। हमने टिकिट के लिए वेटिंग रूम के बाहर बेंच पर बैठे किताब पढ़ते, चाय पीते साढ़े पाँच बजने का इन्तज़ार कर रहे थे कि बरेली में सुबह होना शुरू हो गई। अन्य यात्रियों की तरह पहले हम समझे कि यह भी उन्हीं में से एक यात्री होगा, किन्तु धीरे-धीरे चाय वाले और अन्य ठेले वालों की बातें सुनकर पता लगा कि यह आदमी पहले बहुत अच्छा था। धन्धा अच्छा-ख़ासा करता था, अचानक न जाने क्या हुआ और अब यह 'मैं जट यमला पगला दीवाना...' गाने लगा। उसे हर गाने का आरम्भ ही याद था और एक लाइन गाकर वह दूसरे गाने पर आ जाता। गाने का प्रभाव उसकी आवाज़ का जादू रंग ला रहा था। एक-एक कर और भी प्रतिभाशाली उसके मुकाबले में आने लगे, मगर वे सब गद्य रचयिता थे, तरन्नुम से उनका कोई वास्ता नहीं था। सबकी वेशभूषा, भाषा अलग-अलग थी, कई राज्य सामने आ चुके थे, अनेकता में एकता का अद्‌भुत उदाहरण। मन ही मन में सोच रहा था 'मध्यप्रदेश का प्रतिनिधि नहीं दिख रहा है, और अगर वह है यहाँ पर तो निश्चित ही सो रहा होगा'।

इन सभी के सामूहिक प्रयासों से सुबह के पाँच बज गये। हमने अपना सामान उठाया और प्लेटफार्म क्र.-6 की ओर चल दिये। वहाँ मुझे पता लगा कि यह छोटी लाइन है। बात साफ़ थी मीटर गेज की ट्रेन काठ-गोदाम पाँच घण्टे से पहले नहीं पहुँचेगी। बस से जाना ज़्यादा सुविधाजनक होगा। हम वापस आये, टिकिट वापस किये और रिक्शे से बस स्टैण्ड बरेली देखते हुए चल दिये। शहर बहुत ही अच्छा था, साफ़ चौड़ी सड़कें। किनारे लगे घने छायादार वृक्ष और सुबह घूमने वालों में सभी उम्र के लोग। यहाँ सुबह अच्छी लगी। बस स्टैण्ड से बस बिल्कुल जाने को तैयार थी। हम आख़िरी यात्री पहुँचे और 'स्टेण्डिंग' का टिकट लेकर बस में चढ़े। बरेली अब तक देखे शहरों में पहला शहर है, जो 'यूकेलिप्ट्स' के सरकारीकरण से काफ़ी हद तक बचा हुआ है। सड़क के दोनों किनारों पर घने वृक्ष, विशाल बरगद, नीम, आम, पीपल के लगे हुए हैं और नये लगाये हैं, वे भी यहाँ हैं वरना अब तक तो बाक़ी शहरों को 'सफेदा' ने लील लिया है। शहर ही क्यों गाँवों में भी पंजाब और उत्तरप्रदेश के अधिकांश गाँवों में सफेदा है, जहाँ पंजाब के खेतों की बाड़ यूकेलिप्ट्स ने घेरी, वहीं उत्तरप्रदेश की छाँवदार अमराइयाँ अब नंगे तनों के यूकेलिप्ट्स से अतिक्रमित है।

गाँव के बुजुर्ग घर में खाट पकड़े बैठे हैं। नई पौध 21वीं सदी का 'सफेदा' गाँवों में लाकर लगा देता है। सरकार मुफ़्त दे रही है और एक जवान पेड़ के पाँच-सात सौ रुपये मिल जाते हैं। इस बात से वह बेख़बर है कि सफेदा

कितना ख़तरनाक है खेतों में और खेतों के आसपास लगाने में। जैसे-जैसे सफेदा की जड़ें गहरी होती जाती हैं, उसे पानी अधिक लगता है, धीरे-धीरे वह सारी ज़मीन का पानी सोख लेता है। बरेली में भी हैं, किन्तु भरमार नहीं - इक्का-दुक्का दिखाई पड़ते हैं। हमारी बस शनैः-शनैः पहाड़ी रास्तों की ओर बढ़ रही थी। पहाड़ यहाँ पर एक बार फिर अद्भुत सौन्दर्य लिए खड़ा है। शिवालिक की छोटी पहाड़ियाँ। आधे पहाड़ हरे-भरे पेड़ों से घिरे, आधे चट्टानी। नैनीताल एक सुखद दृश्यानुभव। पहाड़ों से घिरा ताल। यहाँ आते ही सबसे पहले सामने ताल दिखता है और यात्री इतनी ऊँचाई पर पहाड़ों में तालाब देखकर प्रकृति के रचना खेल से अभिभूत हो उठता है। नैनीताल में सैलानी ही सैलानी। होटल वगैरह पक्का कर हम लोग डी.एम. ऑफ़िस गये। डी.एम. साहब एक मन्त्री जी के साथ मीटिंग में मसरूफ थे। ए.डी.एम. ने कहा, यहाँ कई मन्त्री सपरिवार आये हुए हैं, अतः आप लोगों की किसी प्रकार की सहायता नहीं की जा सकती। हम लोगों ने तय किया कि डी.एम. से मिले बग़ैर हम यहाँ से नहीं जाएँगे। किन्तु शाम तक डी.एम. साहब का पता नहीं चला। ज़िला पुस्तकालय का पता पूछते हुए हम लोग वहाँ पहुँचे। थारू बुक्सा जनजाति के बारे में पढ़ते रहे। शाम को घूमने के सिवा कोई काम नहीं था। स्वामी जी को तार देना था। दिया। यह तार देहरादून से दिया जाना था, किन्तु वहाँ पर उन्होंने बताया कि तार करने से अच्छा है, आप हमें पत्र लिखकर दे दो, दो-तीन दिन में पहुँच जाएगा और यह तार पाँच दिन में पहुँचेगा। हमने सोचा अब नैनीताल पहुँचकर ही ख़बर भेजें।

31 मई, 1987

सुबह उठकर सीधे डी.एम. के घर चल दिए। डी.एम. साहब रोज़ सुबह दस बजे 'मार्निंग वॉक' पर जाते हैं, उन्हें उसके पहले मिलना था। पहाड़ी रास्तों पर चढ़ते उनके घर पहुँचे। वे निकलने की तैयारी में थे, उन्होंने हमारी बात सुनी और कहा कल आना दफ़्तर में, आज तो रविवार है। एक दिन की हत्या कर वे मार्निंग वॉक पर चले गये।

01 जून, 1987

ठीक दस बजे हम लोग डी.एम. साहेब नैनीताल के दफ़्तर के बाहर पड़ी बेंच पर बैठे सामने पहाड़ों को देख रहे थे। घना कोहरा था। पहाड़, चित्रित से ग्रे रंग के गहरे हल्के से, दूर तक फैले थे। दस-पच्चीस पर डी.एम., नैनीताल का लॉबी में प्रवेश ठीक कुछ ऐसा हुआ कि पीछे 'मिक' गैस चली आ रही हो। हमारे अभिवादनों का जवाब दिये बग़ैर वे अन्दर घुस गये। उनके साथ चल रहे दोनों व्यक्ति एक अर्दली सफ़ेद, एक सिपाही ख़ाकी, बाहर रुककर हाँफने लगे। दोनों कोशिश कर रहे थे साँसों पर काबू पाने का। सिपाही भारी स्टेनगन लिए हुए था, अतः बेकाबू था। अर्दली जब शान्त हुआ, हमने कार्ड दिया, वह अन्दर गया और बाहर आकर हाल ही में आए एक

सज्जन को अन्दर जाने का बोला। इसके बाद कई लोग अन्दर बाहर आये गये। हमें नहीं बुलाया। एक बार फिर कार्ड भेजा। बारह बजे होटल ख़ाली करना था, अतः अर्चना चली गई। मैं इन्तज़ार करता रहा डेढ़ बजे तक। उन्होंने नहीं बुलाया। हमारा एक दिन उस दिन भी ख़राब हो चुका था और आज दो बजे हमने तय किया था सितारगंज जाने का सो मैं बग़ैर मिले वापस होटल आया। हमने सामान बाँधा। दो बजे वाली बस तैयार खड़ी थी, शाम छः बजे हम लोग सितारगंज पहुँचे। तहसीलदार से मिलकर रेस्ट हाउस गये, शाम को बी.डी.ओ. से मिले। सुबह का कार्यक्रम तय कर सो गये।

02 जून, 1987

सुबह छः बजे जल्दी-जल्दी तैयार होकर निकलने के बाद भी हमारी साढ़े छः वाली बस छूट गई। आठ बजे बस चली, वह दरअसल साढ़े सात बजे आती है। सिसईखेड़ा हमारा अगला मुकाम था। वहाँ डॉ. ओमप्रकाश राणा, जो कि स्वयं थारू जाति के हैं, को 'थारूओं' के गाँव घुसेरी जाना था। डॉक्टर साहब मिले, वह बड़े उत्साह से अपनी जाति के बारे में बताते रहे। उनके साथ घुसेरी गये, वहाँ वही सिलसिला था हमारे काम का। वापस सितारगंज। अब हमें गदरपुर जाना था, सो किच्छा के लिए बस मिली - किच्छा से गदरपुर। शाम को छः बजे। तहसीलदार, बी.डी.ओ. रेस्टहाउस, थकान, नींद।

03 जून, 1987

शाम तक हमारा काम ख़त्म होना था और दोपहर तक ही ख़त्म हो गया, अब हमें वापसी के लिए कुछ करना था। गदरपुर से रूद्रपुर पहुँचे। वहाँ दिल्ली जाने वाली बस पाते हुए हम दिल्ली आ ही गये। पूर्व मानसून की बौछार ने दिल्ली को ठण्डा कर रखा था। मेरठ के दंगों की गर्मी को भी ठण्डा कर गई मानसून की पहली सूचना। पुरानी दिल्ली के 'नानक' होटल में डेरा डाला।

(3)

राजस्थान

04 जून, 1987

राजधानी की सुबह अलसाई-सी उठी, पानी में भीगी। हम लोग बीकानेर हाउस पहुँचे, जहाँ से जयपुर के लिए

बस का रिजर्वेशन करवाना था। इसके बाद अम्मा जी के पास जाना था, स्वामी जी से फ़ोन पर बात करनी थी। दिल्ली देश की राजधानी में टेलीफ़ोन की व्यवस्था इतनी ख़राब होगी, पता तो था, किन्तु भुगता नहीं था। एस.टी.डी. के लिए गोदी डाक तार पहुँचे तो वहाँ एस.टी.डी. के लिए एक डिब्बेनुमा फ़ोन था। डायल कीजिये, नये एक रुपये के सिक्के डालिये। जब तक बात करना हो सिक्का डालते जाइए। सिक्के ख़त्म, कनेक्शन ख़त्म। इसका कोई अनुमान नहीं कि मशीन कितने सिक्के खाएगी। उस मशीन पर पहले से ही एक युगल झूम रहा था। बार-बार लगाने और सिक्के डालने पर भी नतीजा सन्तोषजनक नहीं था। बीवी हाथों में ढेर से सिक्के लिए खड़ी थी। हमने पूछा ये सिक्के आप कहाँ से लाये हैं, तो पता चला कि बाहर एक दुकान है, जहाँ दस रुपये के आठ सिक्के बिकते हैं। एक फ़ोन के लिए पचपन साठ सिक्के तो होना ही चाहिए। यह तो बहुत अच्छा था कि फ़ोन ना लगने पर डाले गये सिक्के बटन दबाने पर वापस बाहर आ जाते हैं, अन्यथा यह मशीन भी प्लेटफार्म, बस अड्डों पर रखी वजन तौलने वाली मशीनों की तरह सिक्कों की वापसी के लिए लात-घूँसे खाती रहती। फ़ोन करना बेकार था। हम लोग साउथ एक्सटैंशन चले गये।

कई दिनों बाद अपने परिचितों से मिलना सुखद था। अम्माजी और हर्षा दोनों ही घर पर थे। हम लोग अपनी यात्रा की बातें करते रहे। किन्नौर की बात की। बात करने में ऐसा लगता रहा कि दूसरे लोक के बारे में बता रहे हों। किन्नौर स्वप्न दृश्य-सा सामने खड़ा था। वह किन्नौर जहाँ दूसरी बार जाने के बारे में राहुल सांस्कृतायन का यात्रा संस्मरण जो उन्होंने वहाँ के राजकीय अतिथि होने पर तीन-चार महीने रहकर लिखा था। इन चार महीनों में किन्नौर का चप्पा-चप्पा देखा जा सकता है, में लिखा है कि ''कोई मूर्ख ही दोबारा किन्नौर आयेगा।'' फिर वे तीन बार गये। हमारा अनुभव मात्र 4 दिन का था। और बताने में जो आनन्द आया, वह लिखा नहीं जा सकता। दो बजे हम लोगों की बस थी, अतः हम बीकानेर हाउस वापस आ गये। रास्ते में स्वामी जी को तार किया जयपुर जाने का। कुछ समय बाद हम लोग जयपुर के रास्ते पर थे। हमारी यात्रा का अन्तिम चरण राजस्थान। राजस्थान, जहाँ सबसे ज़्यादा क़िले हैं, गढ़ हैं।

राजपूतों की आन-बान-शान का राजस्थान।

05 जून, 1987

रात हम लोग नौ बजे जयपुर पहुँचे। राजस्थान के मरुस्थल से उड़कर आने वाली आँधियों की रेत के साथ। अरावली की शृंखलाएँ, बबूल के पेड़, राजस्थानी पगड़ियाँ, देखते, भोगते, महसूस करते जयपुर, 'गुलाबी शहर', जो अब कहीं से भी गुलाबी नहीं है, पहुँचे। अलबत्ता जो गुलाबी कहा जाता है शहर का, वह हिस्सा गेरूए रंग से पुता

हुआ है – बीच-बीच में आधुनिक इमारतें बनी हैं। यह गुलाबी शहर मध्यकालीन स्थापत्य कला का बेजोड़ नमूना है। हिन्दुस्तान की पहली 'प्लान सिटी', हवेली, छज्जेदार मकान। राजा जयसिंह निश्चित ही बेजोड़ वैज्ञानिक, दार्शनिक, गणितज्ञ व कवि थे। वे अनेक विषयों में रुचि रखते होंगे। हवामहल, तीनों जन्तर-मन्तर, अद्‌भुत जयपुर शहर आदि इसके प्रमाण हैं। मूल जयपुर अब उपेक्षित है। विकास प्राधिकरण जयपुर के बाहर आधुनिक इमारतों में पूरी रुचि के साथ काम कर रही है। जयपुरवासी भी उदासीन हैं दुर्दशा पर – सन्तोष धन के धनी। दस बजे सचिवालय पहुँचे, संस्कृति सचिव से मिले और उन्हें सब बताया। वे संस्कृति के साथ खेलकूद, पर्यटन व एक-दो और विभाग लिए बैठे थे। संस्कृति के लिए उन्होंने हमारे पास जो पत्र 'फेस्टिवल ऑफ़ इण्डिया' कमिश्नर एवं डायरेक्टर का था, उसे मानने से इंकार कर कहा, आप लोग वापस दिल्ली जाइए और व्यक्तिगत मुझे लिखा हुआ पत्र लेकर आएँ, तब मैं आपकी बात सुनूँगा। हम सेक्रेटरी, ट्रायबल वेलफेयर से मिले, उन्होंने हमारी पूरी सहायता की। अब हमें उदयपुर जाना था, जहाँ से हमारे काम की शुरुआत होगी। नतीजन रात बस में जागकर काटी।

06 जून, 1987

'लेक सिटी' उदयपुर सुबह आठ बजे पहुँचे। दस बजे ट्रायबल रिसर्च इंस्टीट्यूट। वहाँ उन्होंने एक छोटा-सा संग्रहालय भी बना रखा है। संग्रहालय देखकर हम लोग पहुँचे टी.ए.डी. (ट्रायबल एरिया डेवलपमेंट) श्रीमती मालविका पँवार, अतिरिक्त आयुक्त से बातचीत की, उन्होंने भेजा कल्चरल जोनल सेण्टर। यहाँ भी थोड़ा-बहुत संग्रह है। देख-दाख कर फिर टी.ए.डी.। जीप आदि की व्यवस्था सोमवार की होगी। कल रविवार है, अतः सब बन्द। हम लोग शाम वापस होटल आ गये। कल पास के मुलेला गाँव जाने का तय कर सो गये।

07 जून, 1987

आज सुबह बस स्टैण्ड मोलेला जाने का। यहाँ से नाथद्वारा के लिए बस मिली। नाथद्वारा से मोलेला प्रायवेट सब चलती है, जिसमें कोई टिकिट जारी नहीं किया जाता है। मोलेला के लिए बस पकड़ना भी जुझारू काम है, अन्दर-बाहर और ऊपर सभी जगह यात्रियों के लिए है। प्रथम आएँ, प्रथम पाएँ। नियमानुसार जगह अन्दर बाहर और छत पर मिलती है। अरावली पहाड़ियों में घूमती-घामती बस हल्दी घाटी के निकट बसे इस गाँव में आपको बहुत इत्मीनान से ले जाती है। ड्रायवर को कोई जल्दी नहीं है, कण्डक्टर को पैसे लेने के लिए इधर-उधर लगातार चढ़ना-उतरना पड़ता है। एक मात्र बस रूट पर है, अत: दोनों काफ़ी मेहनत करते हैं। मोलेला अपने टैराकोटा के लिए प्रसिद्ध है, यहाँ कई कुम्हार के घर हैं, जो यही काम करते हैं। भील यहाँ से देवी-देवता ख़रीदने पूरे राजस्थान और गुजरात से पैदल चलकर आते हैं। यहाँ बसे हर कुम्हार में एक होड़ लग जाती है। आपके गाँव पहुँचने पर

हर कोई चाहता है, आप उसी के यहाँ से ख़रीदें। हम लोग दिन भर यहाँ रहे। कुम्हारों से बातें कीं। शाम पाँच बजे वापस उदयपुर के लिए।

08 जून, 1987

आज दस बजे ट्रायबल रिसर्च इंस्टीट्यूट पहुँचे और मिले श्री एन.एन. व्यास जी से। आपने राजस्थान की जनजातियों का काफ़ी अध्ययन किया है, कई किताबें उन पर लिखी हैं। आपने यहाँ हमें काफ़ी जानकारी दी 'लेकसिटी' के बारे में। कुछ पुस्तकें हमने इनसे लीं, फिर टी.ए.डी. आये श्रीमती मालविका पंवार से मिलने। आपने हमें वापस टी.आर.आई. जाने को कहा, जहाँ हमें गाड़ी मिलने वाली थी। राजस्थान की भारी गर्मी में दिन के एक बजे हम फिर सड़क पर थे। रास्ते के रेस्तराँ में कूलर के सामने बैठकर काफ़ी इत्मीनान से खाना खाया। फिर हमें भरी दोपहर में गाँव जाना था। खाना खाकर जब टी.आर.आई. पहुँचे तो धूप अपनी गर्मी के साथ शबाब पर थी। इस गर्म, ठण्डे, गर्म का असर अर्चना पर हो चुका था। उसने कहा मेरी तबियत ठीक नहीं है। अतः उसे होटल छोड़कर मैं और कल्चरल ऑफ़िसर उंदरी गाँव की ओर चल दिये।

राजस्थान के सभी ज़िलों में होड़ रहती है गर्म होने की। अख़बारों में रोज प्रमुख शहरों के तापमान छपते हैं और कोई 450 सेण्टीग्रेट से कम जाना ही नहीं चाहता। 450 से 490 सेण्टीग्रेट तक सब आपस में लड़ते रहते हैं। मौसम विभाग के अनुसार जुलाई के मध्य में मानसून की गुंजाइश थी। अतः तापमान नीचे जाने के लिए कुछ और करता ही नहीं। हिन्दुस्तान की तथाकथित सरकार के महत्त्वपूर्ण कथित वन विभाग ने क़रीब-क़रीब पूरे हिन्दुस्तान से वन साफ़ करने में जो तत्परता दिखाई है, उसके नमूने के बतौर अरावली के नंगे पहाड़ दूर-दूर तक खड़े थे। जो जंगल आदिवासियों के थे, वे अब उनके नहीं रहे, सरकार के हो गये। जब तक आदिवासियों के थे, घने थे, हरे थे। जब से सरकार के हुए, पेड़ फर्नीचर में बदल गये वन नहीं रहे, हरियाली नहीं रही, सरकार भी क्या करे। पेड़ हो तो मुश्किल, न हो तो मुश्किल। वन्य प्राणियों के लिए 'विहार' बन ही चुके हैं। देखें, साले कैसे लुप्त होते हैं? पहले तो वन में लुप्त हो जाते थे, पकड़ना मुश्किल था। शेर भी अब कुत्ता बना घूमता है वन विहार में। निकलने के प्रयास में बिजली का झटका जो लगा है और शहरों में गली के कुत्ते अब शेर हुए जाते हैं। उन्हें भी पता है काटने पर चौदह बड़े किंग साइज इंजेक्शन उसे तो लगेंगे ही नहीं, साथ ही जिसे काटा है, वह पन्द्रह दिन के निरीक्षण समय में भूखे मरने देगा नहीं।

ख़ैर, इन अरावली की गंजी पहाड़ियों पर हमारी गाड़ी जब उंदरी गाँव पहुँची तो चार बज रहे थे। गाँव में कम ही लोग थे, कुछ लोगों से पता किया, बातें की। देवरा स्थान (पूजास्थल) गये, जहाँ तमाम मेमोरियल स्टोन्स लगे

थे, उनके बारे में बातें करते रहे। शाम को वापस आये होटल। जब मैं पहुँचा तो अर्चना बुखार में तप रही थी, हाथ-पैर में दर्द था, उसकी हालत ख़राब देखते हुए तुरन्त डॉक्टर को बुलाया, डॉक्टर ने चैक किया, दवाइयाँ लिखी, फीस ली और चला गया। बाज़ार से मैं दवा और पत्र लेकर लौटा। दवाइयाँ खाकर अर्चना गहरी नींद में थी, मैं सोच रहा था अगले क़दम के बारे में। स्वामी जी को फ़ोन लगाया। रात के बारह बजे तक लाइन नहीं मिली।

09 जून, 1987

सुबह अनु बिल्कुल ठीक थी, किन्तु उसे आराम करने की सलाह देकर मैं एक बार फिर मालविका जी के सामने बैठा था। उन्होंने तमाम प्रयास किये जीप के लिए, किन्तु यहाँ पर उनके और सम्बन्धित विभागों के अधिकांश ड्रायवरों की 'आकस्मिक शादी' होने के कारण वे अवकाश पर जा चुके थे। बाक़ी अधिकांश बीमार हो गये थे और कुल चार ड्यूटी पर थे, किन्तु उन्हें असिस्टेन्ट डायरेक्टर श्री तिवारी देने के हक़ में नहीं थे। इस तरह से सुबह दस बजे से दोपहर दो बजे तक चलने वाली 'ड्रायवर सर्च' लंच ने तोड़ी। इस दौरान मेज़ पर कई आदिवासी इलाक़ों की तरक्की हुई। बहुत-सी जगह हैण्डपम्प लगे। कहीं फलों के बगीचे बन गये। कहीं खेती के लिए सुविधाएँ मुहैय्या करवायी गयी। किसी दैनिक वेतन भोगी को आज तक तनख़्वाह नहीं दी गई थी, उसकी फाइल टेबल के इस कोने से उस कोने पहुँची। सम्बन्धित व्यक्ति को कड़ी डाँट पड़ी। पिछली तरक्कियों का ब्यौरा माँगा गया। पिछड़ा इलाका, जहाँ बस नहीं जा सकती है, के लिए सख्त आदेश दिये गये कि यहाँ आदिवासियों को सब्जी उगाने के लिए सुविधाएँ न दी जाएँ। वे बेचारे मार्केटिंग नहीं कर पाएँगे तो उगी हुई सब्जियाँ खाएगा क्या? आसानी से मार्केटिंग नहीं कर सकेंगे, तो भूखे मर जाएँगे। पिछले अनुदान में काफ़ी पैसा लैप्स हुआ है, अतः इस बार नहीं होना चाहिए। यह कैसे हो, इस पर ट्रायबल विशेषज्ञों से राय ली गई। आयुक्त के संवैधानिक अधिकारों पर चर्चा हुई। विशेषज्ञ बताता रहा। एस.डी.ओ., एस.डी.एम. कोर्ट केस पुटअप करने में तीन दिन से ज़्यादा न लें, इस बारे में निर्देश दिये गये। आदिवासी इलाक़ों में अपने-अपने दौरों और उसके दौरान हुई परेशानियों के निराकरण पर विचार किया गया।

मेरी उपस्थिति के ख़्याल को मद्देनज़र रखकर आदिवासी संस्कृति पर बात की गई। सारी बात का लब्बे-लुआव आदिवासी इलाक़ों की तरक्की या जहाँ पिछले कई सालों से काम चल रहा था और इस साल अकाल पड़ा था। दो बजे लंच होने के कारण सभी अपने घर चले गये। मुझे तिवारी जी ने थोड़ी देर से आने को कहा। मैं बाहर गया। गर्मी बहुत थी। एक गिलास लस्सी ने राहत दी। वापस टी.ए.डी.।

इसी वक़्त कोई अफ़सर अपनी गाड़ी से मात्र मिलने यहाँ आया था, उसे रोककर गाड़ी मुझे दी गई, मैं होटल आया

अर्चना को देखने, उसकी हालत काफ़ी ठीक थी, वह बोली मैं भी साथ चल रही हूँ। हम लोग टी.आर.आई. पहुँचे, वहाँ से कच्छावा को लिया और चल पड़े ऋषभदेव, जो यहाँ से क़रीब पैंसठ किलोमीटर था। ऋषभदेव में भीलों के लिए 'मेमोरियल स्टोन' बनाये जाते हैं। सभी भील आकर यहाँ से ख़रीद ले जाते हैं। हमें भी नमूने के लिए कुछ चाहिए थे। गाड़ी की हालत कुछ भविष्यवाणी ऐसी थी कि वो चालीस से ऊपर चल नहीं सकती थी। मौसम विभाग की ग़लत साबित हो रही थी। बादल अच्छे ख़ासे आसमान पर जमा होकर कई इलाक़ों में बरसने का सोच रहे थे। शायद कहीं बरस भी रहे थे। मौसम तसल्ली देने वाला था और आराम से हम ऋषभदेव पहुँचे। इस जगह को 'केसरिया जी' भी कहते हैं। भीलों के 'पूर्वज' लेकर हम दर्शन करने केसरिया जी के मन्दिर पहुँचे। जैनियों के प्रथम तीर्थंकर ऋषभदेव (जिसे भील भी पूजते हैं) 'काला बाबा' के नाम से ऋषभदेव केसरिया जी के अवतार हैं। राजसिंहासन पर अपनी योग्यता के कारण बिठाये जाने पर इनके बड़े भाई द्वारा विरोध किये जाने पर अपनी श्रेष्ठता सिद्ध करने के लिए ये उनसे सभी प्रकार के युद्ध करने को तैयार हो गये। एक के बाद एक जब सभी विद्याओं, विधाओं में जीतते चले गये, तब अन्तिम द्वन्द्व-युद्ध में इन्होंने अपने बड़े भाई को पटकने के लिए कन्धे से ऊपर उठा लिया था - उस वक़्त इन्हें ज्ञान प्राप्त हुआ। इन्होंने अपने को धिक्कारा कि इस तुच्छ राजसिंहासन, जो तेरी मृत्यु के बाद तेरे साथ नहीं जाएगा, के लिए - अपने बड़े भाई को जान से मारने पर तुला है। उसी क्षण उन्होंने भाई के लिए राजसिंहासन छोड़ वैराग ले लिया। और इस तरह बीज डले आज श्वेताम्बरों, दिगम्बरों के आपस में झगड़ने के लिए।

इस भव्य मन्दिर के तमाम खम्बों पर तीर्थंकरों, अवतारों, भगवानों की सुन्दर मूर्तियाँ उकेरी गई हैं। यह मन्दिर गुप्त सम्राटों के स्वर्णयुग के समकालीन है। मन्दिर की भव्य गरिमा बाँध लेती है। पवित्र वातावरण मन को शान्ति पहुँचाता है। गर्भगृह में ऋषभदेव की काली मूर्ति ध्यानावस्था में है। यहाँ की छत आरती के धुएँ से काली हो चुकी है। मन्दिर में एक तरफ़ पुजारी चन्दन घिस रहा है, उसमें केसर गुलाब जल डाल रहा है। विडम्बना है चन्दन और केसर छोड़कर जंगल प्रस्थान कर जाने वाले ऋषभदेव की मूर्ति को चन्दन केसर का लेप लगाने के लिए चार आदमी नियुक्त हैं। वैसे भी जैन धर्म में आरती या लेप आदि नहीं किया जाता। किन्तु हिन्दू धर्म का प्रभाव है। पुजारियों की एक जमात सरकारी नौकरी में है। 'प्रबन्धक'। चूँकि इनके ट्रांसफर भी होते होंगे, अतः यहाँ की रीति वहाँ, वहाँ की रीति यहाँ पहुँच गई, न सिर्फ़ पहुँची, बल्कि जड़ें जमा चुकी हैं। मन्दिर के गर्भगृह के बाहर ही ख़ूबसूरत खम्बों पर पुजारियों ने अपने-अपने इष्ट देवताओं की 'फोटू' सस्ते कैलेण्डरों की फ्रेम करवाकर बेहद बेहूदे ढँग से टाँग रखा है। 'मन्दिर' - पुजारियों की ऐशगाह - में कई पुरानी चाँदी मढ़ी ख़ूबसूरत चौकियाँ हैं, जिन पर ये पुजारी बैठकर जुगाली किया करते हैं तथा अपने युवा असिस्टेन्ट्स को, इन्हीं पर बैठकर अगली पूजा

के लिए निर्देश देते हुए पाये जा सकते हैं। पूजा के मसले हल किये जाते हैं। तरीक़ों के बारे में आदेश, प्रसाद का बँटवारा, हिस्सेदारी और यदि गर्भगृह में कोई भक्त है तो वहाँ जाकर उसे यह बताते हैं कि दक्षिणा या मन्दिर के लिए दान सामने रखी सरकारी पेटी में ना डालकर हाथ में देने से ही पुण्य मिलता है। पूरे विशाल मन्दिर में बस यही एक बात 'सीनियर पुजारी' आपसे करेगा और कुछ पूछना बतलाना उसके अधिकार क्षेत्र में नहीं है। मन्दिर के इतिहास में कोई जानकारी नहीं है। बनवाया किसने यह तो मालूम ही नहीं है। ऋषभदेव के अलावा और भी कई तीर्थंकरों की मूर्तियाँ गर्भगृह के बाहर लगी हैं। दर्शन आदि कर हम लोग वापस उदयपुर के लिए चल पड़े। उदयपुर में टैक्सी वाले से बात की – कल देवला चौरा, गरासिया जनजाति के गाँव जाने के लिए, रात को जब होटल पहुँचे तो दस बजे थे।

10 जून, 1987

सुबह सात बजे चले तो अनु की तबियत बिल्कुल ठीक थी। दवाइयाँ ले रही थी। पहले हम लोग उंदरी गाँव गये। भील कलाकार फूला और गोमा से मिले। उन्हें काग़ज़ रंग आदि देकर हम देवरा चौरा की तरफ़ चल दिये। उदयपुर से नब्बे किलोमीटर दूर यह माउण्ट आबू रोड पर गरासियों का गाँव था। यहाँ से हमें लोहारचा जाना था। आज फिर घने बादल छाये हुए थे। मौसम में काफ़ी ठण्डक थी, धीरे-धीरे आसमान साफ़ हो रहा था। अरावली की पहाड़ियों पर कहीं-कहीं बादल के टुकड़े उड़ती हुई छाया लिये थे। रास्ते में 'मालवा की चौरा' जगह पड़ती है। यह वो जगह है, जहाँ पुराने समय में भील लोग मारवाड़ी व्यापारियों से कर वसूलते थे – वहाँ से सुरक्षित गुज़रने का कर न चुकाने पर जान व माल का पूरा नुकसान उठाना पड़ सकता था। यह सिलसिला अभी तक जारी है बसों के लूटने के रूप में। कई बसों का कर कभी भी किसी एक बस से वसूल कर लिया जाता है। इसी रास्ते में एक और गाँव है 'गोगुन्दा', जहाँ महाराणा प्रताप का तिलक हुआ था, इन्हीं अरावली पहाड़ियों के बीच।

लौहारचा गाँव में हम पहुँचे, वहाँ पर जानकारी ली गई और जिस कलाकार से मिलना था, उसी की लड़की की शादी थी। शादीवाले घर पहुँचे। घर के बाहर आदिवासी युवक-युवतियाँ भरी दोपहर में 'महुआ' में धुत नाच रहे थे। हमें घर के भीतर ले जाया गया, बाकायदा तिलक हुआ। हमने 'नेग' डाली, फिर बातचीत शुरू हुई श्री बाबूराम से, ये गमेती चित्रकार हैं। वैसे तो यह भील ही हैं, किन्तु यहाँ भील कहलाना लोगों को पसन्द नहीं है। गाँव के ओझा के मुख से जब वह 'भोपा' (देवी, जिसके मुँह से बोलती है उसे भोपा कहते हैं) होता है। यह समय-समय पर निकलता रहता है कि भील गाय मार देते हैं, अतः भीलों को हेय दृष्टि से देखा जाता है, इसलिए मीणा, गमेती, मोर आदि ख़ुद को कहना शुरू कर देते हैं। धीरे-धीरे ये लोग भील से अन्य जनजातियों में बदल गये, ये बदलाव अभी भी जारी है। भील गाँव में कई लोग आपको मिल जाएँगे, जो अपने नाम से आगे मीणा लगाते

हैं। यह गमेती कलाकार पूरे गाँव में अकेला है, जो शादी ब्याह में 'गोतरेज' बनाने जाता है। गोतरेज गरासियों की कुलदेवी है। इन्होंने अपने घर की सारी दीवारों को चित्रित कर रखा था। बड़े अफ़सोस के साथ बाबूराम जी बताते हैं कि रंग ख़त्म हो गया था, नहीं तो यह जो दीवारें बची हुई हैं, इन्हें भी रंग देता। व्यस्तता के कारण वे इस वक़्त तो हमारे लिए चित्र नहीं बना सकते थे, किन्तु बाद में बनाकर देने का वादा किया।

हम लोग बातचीत करके जब गाड़ी पर पहुँचे तो अनु को बुखार ने फिर जकड़ लिया था। ठण्ड से वो काँप रही थी, बैग में पड़ी मेटोकेल्फीन उसे खिलाई और हम लोग तुरन्त रवाना हो गये उदयपुर के लिए। रास्ते पर बसों का बेतरतीब आना-जाना तकलीफ़ का कारण रहा - दूसरे गर्मी लगातार बढ़ी रही थी। रास्ते में एक-दो जगह रुककर रूमाल गीला कर, सर पर रखते रहे, दवा धीरे-धीरे असर कर रही थी, बुखार कम हो रहा था। किन्तु गर्मी से बेचैनी और घबराहट बढ़ती जा रही थी। शाम होने का दूर-दूर तक पता नहीं था। उदयपुर में सीधे डॉक्टर के घर पहुँचे। डॉक्टर ने चैक किया। दवाईयों में थोड़ा-सा, फेरबदल दिया। दवाईयाँ आदि लेकर हम होटल पहुँचे। अनु की हालत ठीक नहीं। गर्मी चरमोत्कर्ष पर है। टूर ख़त्म होने में अभी तीन दिन बाक़ी हैं। स्वामी जी को फ़ोन लगाया हुआ है। मैं अब टूर ख़त्म कर वापस लौटने के इरादे में हूँ। कल यदि अनु थोड़ी भी स्वस्थ हुई तो इन्दौर के लिए हम वापस चल देंगे। आज फ़ोन पर बात नहीं हुई तो स्वामी जी को कल तार करना है। राजस्थान में क़रीब-क़रीब काम ख़त्म हो चुका है, कोटा जाना है, किन्तु वहाँ गर्मी यहाँ से ज़्यादा पड़ रही है, बेहतर यही है कि वापस जाएँ। एक विचार यह भी है कि मैं कोटा चला जाऊँ और अनु को वापस भेज दूँ, यदि तबियत ठीक हो तो, अब यह तो कल ही पता चल सकेगा।